rowohlts monographien
begründet von Kurt Kusenberg
herausgegeben
von Wolfgang Müller und Uwe Naumann

Ingmar Bergman

mit Selbstzeugnissen
und Bilddokumenten
dargestellt von
Eckhard Weise

Rowohlt

Dieser Band wurde eigens für «rowohlts monographien» geschrieben
Den Anhang besorgte der Autor
Herausgeber: Klaus Schröter
Mitarbeit: Uwe Naumann
Assistenz: Erika Ahlers
Schlußredaktion: K. A. Eberle
Umschlagentwurf: Werner Rebhuhn
Vorderseite: Ingmar Bergman. Svenska Filminstitutet Stockholm
Rückseite: Plakat zu «Fanny und Alexander». Tobis-Filmkunst Berlin

Veröffentlicht im Rowohlt Taschenbuch Verlag GmbH,
Reinbek bei Hamburg, Juli 1987
Copyright © 1987 by Rowohlt Taschenbuch Verlag GmbH,
Reinbek bei Hamburg
Alle Rechte an dieser Ausgabe vorbehalten
Satz Times (Linotron 202)
Gesamtherstellung Clausen & Bosse, Leck
Printed in Germany
1290-ISBN 3 499 50366 2

2. Auflage. 11.–12. Tausend Juli 1997

Inhalt

Ingmar Bergman, 1958

Vorbemerkung

Die Beschäftigung mit der Kunst eines Filmregisseurs, wie mit Film überhaupt, hat mit etwas Merkwürdigem zu tun: obwohl gerade der Film zu
der Form der Künste gehört, die das Zeitalter ihrer Reproduzierbarkeit
begründet, ist die Verfügbarkeit über sie wie bei kaum einer anderen Gat-
tung häufig eingeschränkt oder überhaupt nicht mehr gegeben; eine solche Kunst ist somit ähnlich für die Saison gemacht wie zum Beispiel eine
Theaterinszenierung. Und doch existieren ja irgendwo Originalwerke
und einige Kopien als Konserve, die die Aura eines seltenen Schatzes
erhalten oder gar ein kultisches Eigenleben entfalten können, wie dies
besonders augenfällig wurde an einer Reihe von Filmen Alfred Hitch-
cocks, die dieser dem Markt willkürlich zwei Jahrzehnte entzogen hatte.
   Fast das gesamte Frühwerk Bergmans gehört längst nicht mehr zum
Repertoire der Kinos und Fernsehanstalten. Da auch die Bestände von
Kinematheken sehr lückenhaft sind, erweisen sich die Voraussetzungen
einer Würdigung dieser frühen Arbeiten zum Teil als unzureichend:
manchmal sind es nur Erinnerungen an ein- oder zweimalige Besichti-
gung, oder Urteile müssen sich auf die Kenntnis der Drehbücher be-
schränken. Derartige Bedingungen tragen dazu bei, daß solche Filme den
Schleier des Geheimnisvollen er- oder behalten; dies gilt allemal für diejenigen Filme Bergmans, die den Vergleich mit späteren Erfolgen nicht
scheuen müssen, aber auch für solche, von denen mit Gewißheit behauptet werden kann, daß sie zu Recht in Vergessenheit geraten sind. Solche
Filme gibt es im Schaffen Bergmans, was aber nicht heißen darf, daß sie
für immer in den Archiven zu verschwinden haben. Abgesehen davon,
daß sich Einschätzungen ändern können, setzt eine kritische Würdigung
des Filmkünstlers Bergman die Kenntnis dieser frühen Filme genauso
voraus wie die der weniger gelungenen Werke späterer Perioden. Was die
Betrachtung der Filme Bergmans erst in größeren und vollständigen Zu-
sammenhängen zeigen kann, und gewiß nicht nur für Filmhistoriker von
Interesse ist, sind – wie oft bei solcher Art Werkschau – die großen Linien,
Themen, Obsessionen, Eigenarten des Ausdrucks, aber auch die Gehver-
suche, die Widersprüchlichkeiten, die Enge und Weite im Formalen wie
Inhaltlichen eines Bergman, der sich möglicherweise als ein ganz anderer
erweist gegenüber dem, den man zu kennen glaubte.

Eine Darstellung wie die vorliegende kann natürlich das Urteil durch eigene Anschauung in keiner Weise ersetzen. Aber solange für viele der an Bergman interessierten Filmliebhaber die meisten seiner Werke nicht verfügbar sind, soll der folgende Überblick die Neugier auf bisher Unbekanntes ein wenig vergrößern helfen – wodurch wiederum die Verwalter von Kulturgütern dazu angeregt werden können, zumindest den einen oder anderen Film aus der Versenkung zu holen. Um einige der Besonderheiten wie Gemeinsamkeiten der Filme Bergmans in ihrer chronologischen Reihenfolge soll es daher im wesentlichen gehen. Der gesetzte Rahmen machte den Verzicht auf eine geschlossene Darstellung der Theaterarbeit wie auch der detaillierten Abfolge der einzelnen Lebensstationen Bergmans nötig – die Literaturliste kann dem daran interessierten Leser nützliche Hinweise geben.

«Ein wunderbares Testament»

Nach vierzigjähriger Arbeit für das Kino verabschiedete sich Ingmar Bergman auf dem Festival in Venedig 1983 von seinem Publikum mit dem Film *Fanny und Alexander*. Bergman spricht von der Bilanz seines Lebens als Filmemacher. In der Tat wirkt der Film in großen Teilen wie ein Streifzug durch sein Werk: Da streitet das Prinzip Kunst gegen das Prinzip streng-bürgerlicher Existenz, und wie so oft geht es dabei – sehr grundsätzlich – um Sein und Schein, Lüge und Wahrheit. Noch einmal rechnet Bergman mit dem puritanischen Protestantismus ab und läßt seine Figuren fragen, in welcher Gestalt Gott sich wohl zeigte.

In einfachen, aber wirkungsvollen Symbolen, Gesten, Taten, Dekors erscheinen auf der Leinwand das Paradies, das Fegefeuer und die Hölle. Zwei Ehepartner läßt er sich streiten, demütigen und schlagen, um die Qualen der Zweisamkeit zu demonstrieren; ein Don Juan treibt es recht freizügig mit einer Dienstmagd, und zwei altgewordene Freunde sprechen von Küssen, die wie wilde Erdbeeren schmecken. In eindrucksvollen schauspielerischen Darstellungen erscheinen einige der Hauptgestalten des Bergmanschen Universums: die Frohnatur, die das Faßbare liebt, der rationalistische Geist, der alles nach Prinzipien ordnet, und der Mystiker, der an die Kraft der Visionen und Dämonen glaubt. Und all die Frauen, die den – manchmal zur Karikatur geratenen – Männern überlegen sind: die jungen, die voller Illusionen ausbrechen wollen, die älteren, die nach vielen Niederlagen vorsichtig beginnen, ihr Leben selbst zu bestimmen. Nicht zuletzt geben sich die zahlreichen Vorbilder zu erkennen: Strindberg, Ibsen, Tschechov, Mozart...

Von allem etwas und in den Bergman-Farben Rot, Braun, Schwarz, Weiß und Rosa. Von allem oder doch von vielem, und es mag sein, daß dieser Film eine Art Synthese von Bergmans Schaffen bildet; vielleicht ist er nur eine Sammlung vieler Mosaiksteinchen in seiner Huldigung an das Leben, vielleicht auch der Traum eines alternden Künstlers vom Abschluß eines Werkes, ein Traum – vergleichbar der so oft variierten Vorstellung von dem, wie Kindheit sein müßte –, der die Brüche und Ausbrüche, Mißerfolge und Irrtümer und das alles beherrschende Verzweifeln am Dasein übergeht.

Auch das zeigt der Film *Fanny und Alexander*: Bergman gelingt es bis

9

in die achtziger Jahre, große künstlerische Erfolge zu feiern und damit Zeiten vergessen zu machen, in denen es still geworden war um ihn. Dies ist vielleicht nicht selbstverständlich für einen Regisseur, der an den sozialen Problemen der Gegenwart weniger interessiert ist als an den – wie Kritiker spotten – «Fragen von gestern»: Liebe, Geburt und Tod, Gott und Teufel und die große Leere, die in und zwischen den Menschen entsteht, wenn sich in einem materiell scheinbar erfüllten Leben die bisherigen Glaubenssicherheiten als haltlos erweisen.

Der Staatsbürger Bergman ist überzeugt von der Unfähigkeit der politischen Systeme in Ost und West zu vernunftgemäßem Handeln, er interessiert sich bisweilen für Trotzki und ist ansonsten *ein ordentlicher Sozialdemokrat*[1]*. Der Künstler Bergman gibt sich frei von Ideologie – *wenn es eine Partei für ängstliche Menschen gäbe, würde ich ihr beitreten*[2].

Gesellschaftliche Bedingungen sind nicht der Gegenstand der filmischen Untersuchungen Bergmans, sie bilden einen der Rahmen, in denen die Schicksale der einzelnen ihren Lauf nehmen. In seiner Dankesrede anläßlich der Verleihung des Goethe-Preises der Stadt Frankfurt spricht er vom Zentrum seines künstlerischen Interesses: Lebensäußerungen, *die unabhängig von der sozialen Struktur existieren, wie die unfaßbare Bosheit, die Spielfreude und die Zärtlichkeit eines Augenblicks, das Mysterium des Leidens, Träume und Hoffnungen – eine Welt von fließenden, wechselnden geheimnisvollen Gefühlen und Leidenschaften.*[3] Sätze, die klingen wie das Bekenntnis eines romantischen Künstlers, der an einen gesellschaftsfreien Raum glaubt, in dem der Mensch an sich existiert. Dennoch: die besten von Bergmans Persönlichkeitsanalysen machen dem Zuschauer Mut, tiefer als bisher in sich hineinzusehen, und zugleich lassen sie in ihm das starke Gefühl entstehen, Veränderung der Gesellschaft sei von Grund auf nötig. Bergman versteht sich zwar als nicht-politischer Künstler, betont aber zugleich, daß seine Kunst nicht *notwendigerweise im Dienst des Bestehenden wirkt.* In einer technokratischen Welt, in der *die Gefühle des einzelnen Menschen korrumpiert, verstümmelt oder gedemütigt werden, als ob sie für die allgemeine Ordnung gefährlich wären*, soll die Kunst, soll der Film *diesen so oft unterdrückten, verstümmelten Gefühlen Ausdruck geben.*[4]

Inmitten gutbürgerlicher Verhältnisse meist läßt Bergman das Drama seiner Figuren sich entwickeln, läßt sie – wie Alexander – von besseren Lebensweisen träumen, und er läßt sie danach streben, gelegentlich mit faustischem Eifer – auch wenn es (oder gerade weil es) eigentlich zu spät ist, zu handeln. Es sei zu spät für Revolution, sagt Bergman, der in seinem privaten wie künstlerischen Leben geprägt ist von der tiefen Bewunderung für *Menschen, die weitermachen, selbst wenn alles gegen sie ist*[5].

* Die hochgestellten Ziffern verweisen auf die Anmerkungen S. 137 f

Bergman inszeniert «Fanny und Alexander» (1981/82). Mit Hauptdarstellerin Ewa Fröling (hinten l.) und Kameramann Sven Nykvist (hinten r.)

Daß Bergman Zustände und Bedrohungen *unseres hochindividualisierten Daseins*[6] beschreibt, aber keine Modelle zu deren Überwindung anbietet, wird ihm häufig vorgeworfen. Berechtigt ist dieser Vorwurf für denjenigen, der vom Künstler eine derart produktive Phantasie erwartet, die ihm die Mühe erspart, selbst etwas tun zu müssen.

Von der Puppenbühne zum Welttheater

Schlafen im Schuh der Kindheit

In den Räumen eines riesigen Hauses, ausgestattet in der großbürgerlichen Art der Jahrhundertwende, geht ein Kind auf Entdeckungsreise: zahlreiche Vorhänge gilt es zu durchdringen, hinter denen Bilder zur Musik von allerlei Uhrwerk von geheimnisvollen Welten erzählen und Statuen sich bewegen. Im Spiel mit Puppenbühne und Laterna Magica wird das Kind zum Prinzen, gar zum Herrscher über siebzehn Länder: der zehnjährige Alexander im Haus seiner Großmutter. Szenen aus dem Film *Fanny und Alexander*, Assoziationen zugleich an Bergmans eigene Kindheit, an Momente, die mit dem Gefühl der Geborgenheit verbunden sind, und an eine Lebenszeit, in der er sich im Geiste ganz nach Belieben in anderen Welten bewegen konnte oder aber gezwungenermaßen mußte, weil die eigene reale Welt unerträglich wurde.

Auch die Wege des Zöglings Bergman geht Alexander noch einmal nach: die systematische Unterdrückung lustvoller Gefühle wie jeglicher Anzeichen eines eigenen Willens und damit eng verbunden die gründliche Anerziehung eines schlechten Gewissens.

Was Alexander gegen diese Macht der Fremdbestimmung allein bleibt, ist die Kraft der Einbildung – mit ihrer Hilfe mindert er die Trauer über den Verlust des Vaters, indem er ihn als Geist erscheinen läßt; er überwindet die Demütigungen durch den Stiefvater, indem er sich dessen Tod vorstellt.

Ingmar Bergman wird 1918 in Uppsala als zweites von drei Kindern der Eheleute Karin und Eric Bergman geboren. Wenn der renommierte Regisseur später auf seine Kindheit zurückblickt, ist die Rede von ersten Theater- und Kinoerlebnissen, von den Vorlesestunden der willensstarken wie feinsinnigen Mutter an Sonntagabenden, viel auch von den Empfindungen der Wärme im Haus seiner Großmutter mütterlicherseits – bis die Vergegenwärtigung des Alltagslebens im Elternhaus die Erinnerung an Momente der Idylle zur bloßen Nebensache erklärt. Das Leben dort erscheint dann vornehmlich bestimmt vom Versuch des autoritären Vaters, eines Pastors und späteren Hofkaplans, die Familienmitglieder von

Der Vater, Hofprediger Eric Bergman

der Außenwelt abzukapseln, um ihnen möglichst ungestört von der Wahrheit seines Glaubens predigen zu können.

Bergmans Biographin Marianne Höök kennzeichnet das Leben im Pfarrhaus als «eine Insel inmitten einer säkularisierten Gesellschaft... wo der mehr oder weniger bewußte Wunsch, Ideal und Gewohnheiten einer früheren Generation zu bewahren, die Gegensätze zur Außenwelt verschärft»[7]. *Äußerlich war es eine beschützende Welt – aber innen war sie vollständig unsicher.*[8] So durfte von außen vor allem das eindringen, was helfen sollte, dieses Leben in der Vergangenheit feudalistischer Ideale zu

14

Die Mutter, Karin Åkerblom
(aus dem Kurzfilm «Karins Gesicht»)

halten. Für politische Einflüsse solcher Art wurde Eric Bergman im Verlauf der dreißiger Jahre immer offener. Erst sehr spät sei ihm bewußt geworden, so Ingmar Bergman, *wohin der Glaube an Autorität, Unterdrückung der Frau und entsetzlichste Grausamkeit im Namen familiären Zusammenlebens... selbst in der kleinen Idylle solcher Pfarrersfamilie führte... ganz und gar zwangsläufig zum Nazismus*[9].

Daher waren die Methoden, mit denen die Bergman-Kinder zu «anständigen» Menschen erzogen werden sollten, durchaus nicht antiquiert im demokratischen Schweden jener Zeit, in der der Vater Bergmans und

Ingmar Bergman und sein älterer Bruder Dag

mehrere seiner Lehrer (zusammen mit zahlreichen ihrer Landsleute) fasziniert nach Deutschland blickten.

In dem Teil seines Familienepos, der das Leben Alexanders im Haus des Bischofs beschreibt, gelingt es Bergman, persönliche Erfahrungen sehr eindringlich zu einer Systematik der Erziehung zu verdichten – so in der Szene, als der Stiefvater sich anschickt, die ersten rebellischen Züge des Zehnjährigen im Keime zu ersticken: eine erfindungsreiche Lüge wird bestraft mit Stockschlägen, der Erzwingung erniedrigender Schuldbekenntnisse und der Isolation in einer dunklen Dachkammer – und hier verspürt das Kind neben unsäglicher Angst so etwas wie Reue für seine Sündentat: das schlechte Gewissen erbricht sich ihm buchstäblich ins Gesicht.

Alexander lernt es früh, sich in der Welt der Mythen und der Künste einzurichten; das Leben in dieser anderen Welt, das Vertrauen insbesondere in die Kraft der eigenen Phantasie lassen ihn selbstbewußter werden, ja verschaffen ihm gar den Mut zum Leben – so will es uns am Ende des Films erscheinen.

Wie sollte es anders gewesen sein im Leben des Ingmar Bergman – auch er wurde geschlagen, eingesperrt in den dunklen Kleiderschrank, was aber nahm ihm die Angst in dieser Dunkelheit? Das Licht eines kleinen Filmprojektors, der dem Zehnjährigen zum wichtigsten Spielzeug geworden war – woran zu erinnern Bergman-Biographen selten versäumen.[10] «Wahrhaftiger» läßt sich die Grundsteinlegung zu einer großen Künstlerkarriere kaum erklären – ist eine solche Karriere denn ohne Mut zum Leben denkbar?

Anders immerhin als sein alter ego, Alexander, in einem seiner wenigen hellen Filme hat Bergman nicht nur unter einem tyrannischen Vater zu leiden, sondern auch unter dessen engstem Verbündeten, der Schule: *Das war am allerschwersten: die Schule war total autoritär, genau wie das Zuhause, und zwischen beiden gab es eine Art Verschwörung.*[11] Mit seinem ersten verfilmten Drehbuch *Hets* (*Die Hörige*), porträtiert Bergman voller Haß die Schule als Gefängnis, ein Ausblick darauf, was er künftig gestalten wird: die Hölle – als Leben auf Erden überhaupt.

Ort der Geborgenheit: Großmutters Heim in Uppsala

Gefangen: In der Schule (2. v. l.)

Magenkrämpfe stellen sich ein, wenn der Schulbesuch anders nicht mehr zu verhindern ist, allmählich immer häufiger, um schließlich den Sechzigjährigen noch mit Regelmäßigkeit ins Krankenhaus zu zwingen. Irgendwann beginnt der Schuljunge zu stottern, und selbst der gefeierte Star wird sich davon niemals ganz befreien können. Das Kind spielt gegen all das Unbehagen an, mit Puppenbühne oder Filmprojektor, stets allein und noch in einem Alter, in dem Freizeitgestaltung vorwiegend außerhalb der häuslichen vier Wände längst als selbstverständlich gilt. Bergman wächst auf, ohne Freunde zu haben. Er hat damit zu tun, ganze Passagen aus Strindberg-Werken auswendig zu lernen, die ihm gewiß dabei helfen, das zu durchschauen, was ihn gefangen hält, nicht aber, sich daraus zu

befreien. Beinahe nahtlos vollzieht sich der Übergang von den Inszenierungen im eigenen Puppentheater für sich selbst bis zur Regiearbeit
des Studenten an Laienbühnen in der Stockholmer Altstadt.

*Die Welt der Erwachsenen überfährt die Welt der Kindheit... wie ein
Feuersturm, der rücksichtslos alles zerstört und hinwegfegt.*[12] Wenn Kindheit derart heftig als *Kampf auf Leben und Tod*[13] empfunden wird wie von
Ingmar Bergman, erscheinen die Beschäftigung des Jugendlichen mit der
Kunst oder die Ausbildung der Phantasie weniger als eine Art Lebenser-
tüchtigung denn als Flucht vor dem Leben oder Lebensersatz. Aber dann
ist eher zu verstehen, warum noch der Erwachsene Bergman Phantasie
nutzbar macht für eine Rückkehr in die eigene Kindheit, als gelte es,
etwas nach- und aufzuholen.

Die Kindheit unter materiell gesicherten Bedingungen als seelische
Tortur – wie viele, ob Künstler oder nicht, hätten sie nicht so oder ähnlich
erlebt. Kleiner jedoch wird die Zahl derer, denen die Verletzungen in der
Kindheit bis ins Alter so bewußt bleiben. Und unter den Filmkünstlern
zumindest ist kaum jemand, der so intensiv wie Bergman die eigene Kindheit zum Gegenstand und zur Quelle seiner Kunst gemacht hat. *Ich erlebe
immer... immer, jeden Morgen und jeden Abend ist das Kind Ingmar da.*[14]

Frei: In der Welt der Phantasie
(Bertil Guve in «Fanny und Alexander»)

Unter weltlichen oder religiösen Aspekten variiert Bergman beständig den als Katastrophe empfundenen Zusammenprall von Spontaneität und funktionalisierender Autorität, die alles überschattende Grunderfahrung der Demütigung unter all den offenen und versteckten Gesetzen der christlich-patriarchalischen Gesellschaft – sei es im Verhältnis von Mensch zu Gott, Sohn oder Tochter zu Vater oder Mutter, Künstler zu Bürger, Mann zu Frau.

Ingmar Bergmans Haß auf seine bürgerliche Herkunft ist offenkundig; ob er sich dieser allerdings in Liebe g l e i c h e r m a ß e n verbunden fühlt – wie oft behauptet[15], ist zumindest weniger sicher. Wenn in manchen seiner Filme Familienleben für Momente so nostalgisch erscheint wie in Bildern eines Carl Larsson oder wenn er unkritisch Dienstmägde ausschließlich in ihrer dienenden Funktion zeigt, muß dies durchaus nicht bedeuten, daß er sich nach bürgerlichen oder gar feudalistischen Verhältnissen sehnt. Wie als Kind sehnt sich jedoch auch der erwachsene Bergman nach Mütterlichkeit, die Geborgenheit bedeutet oder Zuneigung bis hin zur aufopfernden Liebe. Er beschreibt diese Sehnsucht oft in eben den Formen, die er einst kennengelernt hatte; dies sind auch Formen, in denen zum Beispiel den Frauen zwar viel Raum für Gefühl, aber wenig für Selbstverwirklichung bleibt. Verbunden mit dieser Ursehnsucht nach menschlicher Wärme, die alle seine Filme durchdringt, ist der Appell an die Verfechter familialer Lebensformen, sie mögen ihr Versprechen, Harmonie und Liebe zu gewährleisten, endlich einlösen. Daß manche seiner Filme den Eindruck erwecken können, solche Ideale ließen sich i n n e r h a l b der bestehenden Gesellschaft verwirklichen, ist von Kritikern oft beklagt worden. In seinem Denken und Fühlen ist Bergman natürlich geprägt von der Welt, in der er aufwuchs, und er bleibt ihr verhaftet insofern, als er eben keine k o n k r e t -politischen Alternativen zu ihr sieht; er hat sie gewiß nie intensiv gesucht, war und bleibt doch die Erfahrung des Erniedrigtwerdens derart fundamental, daß er sie stets auf gesellschaftliches Zusammenleben überhaupt übertrug.[16]

So manches Mal spricht Bergman von den Schuldgefühlen und den Schrecken der Kindheit, die ihn tagtäglich plagen und von denen er nicht meint, sie ließen sich noch überwinden. *Jeden Morgen stehe ich auf und habe Angst.*[17] Wie nur wird er sie los und findet den Mut zum Filmemachen? fragt sich insbesondere wohl der Betrachter seines letzten Films, wird er doch dazu ermuntert, sich vorzustellen, wie aus Alexander ein glücklicher Mensch werden könnte. *Wenn ich durch die Tür (zum Atelier) trete, das Geräusch der Vorbereitungen höre und den Geruch von heißer Luft spüre ... dann vergesse ich meine Angst und meine Verzweiflung ... Meistens, glaube ich, ist das Atelier ein Kinderzimmer für mich, ein Ort, wo es erlaubt ist zu spielen, den ganzen Tag zu spielen.*[18]

Kampf der Generationen

Nach dem Abitur 1937 hat Bergman seine militärischen Pflichten zu erfüllen, wobei ihm sein Magenleiden allerdings zur vorzeitigen Rückkehr ins zivile Leben verhilft. Er beginnt in Stockholm ein Studium der Literatur- und Kunstgeschichte, doch mehr als in Seminaren engagiert er sich in Amateurtheatern inner- und außerhalb der Hochschule. Seine künstlerischen Ambitionen widersprechen ganz und gar den Vorstellungen seiner Eltern vom Bild des pflichtbewußten Studenten, und so verläßt Bergman im Alter von zwanzig Jahren nach einem heftigen, bis zu einem Handgemenge gesteigerten Streit sein Elternhaus, das er erst nach über vier Jahren wieder betreten wird. Bergman vernachlässigt sein Studium, doch sein Dasein als Bohemien kennt nichts von der sprichwörtlichen Leichtlebigkeit: als «lebendiges perpetuum mobile»[19] kennzeichnet ihn ein Freund in damaliger Zeit – wie besessen von Fleiß und Ehrgeiz arbeitet Bergman unermüdlich an Theateraufführungen und schreibt auch Stücke.

Seine Inszenierungen, Strindberg-Dramen in der Mehrzahl, erfahren sehr bald viel Lob, und mit seinem Engagement als Regisseur am professionellen Dramatikerstudio ist der entscheidende Schritt zu einer großen Theaterlaufbahn gesetzt. Bergmans eigene zur Aufführung gelangten Theaterstücke allerdings (zusammen mit einem Ballett neun an der Zahl) beginnen bereits in den fünfziger Jahren der Vergessenheit anheimzufallen. Erwähnenswert ist das erste dieser Dramen, die 1942 entstandene Harlekinade *Kaspers död*. Handlungs- und Figurenkonstellation bilden ein Grundmuster, das in vielen der Bergman-Werke zu erkennen sein wird: Um seinem Ehedasein zu entkommen, stürzt sich Kasper in das Nachtleben. In einer Schenke muß er zur Belustigung der Gäste tanzen, bis er zusammenbricht. Der Tod bringt ihn zum Grab; dort wartet Kasper darauf, Gott, seinem Richter, zu begegnen.[20]

Diesem Stück ist es zu danken, daß Bergman dem Kino entscheidend näherkommt: Durch die Aufführung im Herbst 1942 wird Stina Bergman, die Witwe Hjalmar Bergmans, auf das Talent des Namensvetters aufmerksam, und sie verschafft ihm sogleich eine Anstellung in der Drehbuchabteilung von Svensk Filmindustri (SF), Schwedens größter Filmfirma. Er hat zunächst die Vorlagen anderer Autoren zu bearbeiten, und im folgenden Jahr erhält er einen Vertrag als Drehbuchautor. Aus der Zusammenarbeit mit der Choreographin während der Inszenierung von *Kaspers död* war eine Freundschaft entstanden: Anfang 1943 heiratet Bergman Else Fischer; bald darauf wird Tochter Lena geboren.

1944 wird erstmals eines seiner Szenarien auf die Leinwand gebracht, der bereits erwähnte Film *Die Hörige*. Inszeniert wird er von Alf Sjöberg, der unter anderem mit eben diesem Werk nach der ruhmreichen Stummfilmära Schwedens zweite Blüte des Films einleitet und zusammen mit dem zweiten bedeutenden Kinomann dieser Zeit, Gustaf Molander[21], einer

Ingmar Bergman, 1944

Künstlerpersönlichkeit den Weg bahnt, deren Name bald stellvertretend stehen wird für den erneuten Ruhm des schwedischen Kinos: Ingmar Bergman. *Die Hörige* trifft mit seiner stillen Rebellion gegen alles, was den Drang nach einem freien Leben hemmt, den Geist der Zeit innerhalb Schwedens jüngerer Generation, und sein Erfolg verhilft Bergman zum Debüt als Filmregisseur.

Ingmar Bergman ist Leiter des Stadttheaters in Helsingborg (und damit einer der jüngsten Intendanten Skandinaviens), als er 1945 seinen ersten Film dreht – nach einem Theaterstück im übrigen. Im Unterschied zu berühmten Kollegen wie Eisenstein und Welles, die ebenfalls vom Theater zum Film kommen, gelingt es Bergman als Filmregisseur nicht, durch einen frühen Geniestreich, der die Eigenständigkeit der neuen Kunst gegenüber der älteren schlagartig demonstrierte, auf sich aufmerksam zu machen. Bergman muß eine Reihe von Filmen drehen, bevor er erste – bescheidene – Anerkennung erfährt.

Was den frühen Bergman betrifft, so ist das Urteil der Kritiker damals wie heute von seltener Einmütigkeit bestimmt; es läßt sich auf die Formel bringen: «unausgereifte Jugendwerke».[22] Begegnet man heute zufällig einem Frühwerk Bergmans aus den vierziger Jahren, so fällt in besonderem Maße die angestrengte Suche eines Theaterregisseurs nach seinem Filmstil auf; aus der Kenntnis der späteren Filme mutet es zudem seltsam an, eine Reihe der bekannten Motive des Bergman-Universums plötzlich in ungewohnter Gestalt zu sehen: im Stile eines poetischen Realismus des französischen Vorkriegsfilms, eines eher deutschen Expressionismus, eines italienischen Neorealismus, einer nordischen Naturmetaphorik oder gar in eigentümlicher Vermischung dieser Stile. Auch in inhaltlicher Hinsicht hält sich Bergmans Erfindungsreichtum (soweit im Rahmen der vorgegebenen Vorlagen davon die Rede sein kann) in Grenzen. Thematisch greift er vieles von dem auf, was er im Theater vorfindet – und zwar das, was unter jüngeren Intellektuellen in der Luft liegt in den letzten Jahren des Krieges und der Zeit unmittelbar danach. Auf Grund der schockierenden Erfahrung eines ringsherum existenten Infernos wird die Krise der bürgerlichen Gesellschaft als total empfunden, als Krise allen Glaubens, des Lebens überhaupt; mit zorniger Ablehnung wird allen Versuchen der Etablierten begegnet, diese Krise noch länger kollektivistisch lösen zu wollen, ob von rechts oder links. Solchen vermeintlich todbringenden Lösungen der Elterngeneration setzen die Jungen das Konzept des individualistischen Lebensentwurfs gegenüber, ein mehr emotional als rational bestimmtes Konzept, in dem Gelingen und Scheitern als enges Nebeneinander gesehen werden. In ganz Westeuropa ist diese Haltung verbreitet, in den kriegsgeschädigten Staaten wie in dem noch einmal davongekommenen Schweden, in diesem Land aber intensiver und länger als in jenen Ländern, wo Art und Tempo des Wiederaufbaus einer «verlorenen Generation» bald neue Orientierungsmarken setzen.

Der Handel mit dem kriegführenden Deutschland wie mit dem kriegszerstörten Europa hatte das neutrale Schweden an die Spitze der Industrienationen geführt und für große Teile der Bevölkerung eine zeitweise vorbildliche soziale Sicherheit ermöglicht. Auch von daher kann im kulturellen Leben des Wohlfahrtsmodells die Beschäftigung mit den Problemen des Individuums einen Grad an Intensität erreichen wie kaum ir-

Stockholm, 1947

gendwo sonst, und sie bleibt im Zentrum der Aufmerksamkeit bis in die sechziger Jahre, als das Interesse an politischen Fragen, ausgelöst durch alarmierende Rezessionserscheinungen und den Krieg in Vietnam vor allem, erneut an Bedeutung gewinnt.

Für das Theater inszeniert Bergman in den vierziger Jahren das, was an vielen Bühnen innerhalb und außerhalb Schwedens gespielt wird: die klassischen und modernen Kritiker der spätbürgerlichen Gesellschaft, die Psychoanalytiker ihres Zerfalls und natürlich die Existentialisten. Ingmar Bergmans Weg zum Film erscheint als der Versuch, deren Erkenntnisse zu den Kinozuschauern in ihrer Eigenschaft als Nicht-Theaterbesucher zu transportieren, und zwar durch Einsatz einfacher dramaturgischer Mittel, die vermeintlich nicht das Publikum des Theaters, wohl aber das des Kinos zu bewegen vermögen. Wenn Bergman in einer seiner ersten gedruckten Reflexionen als Kinoregisseur davon spricht, Filmemachen bedeute für ihn die Arbeit mit einem Medium, *das so raffiniert ist, daß wir mit ihm die menschliche Seele unendlich scharf beleuchten können, noch rücksichtsloser den Schleier lüften und ganz neue Bereiche mit hineinnehmen können*[23], so erkennen wir darin die Arbeiten des Bergman, der es verstanden hat, Filme in diesem Sinne nutzbar zu machen, nicht aber seine zumindest ersten fünf Werke. Solange Bergman den Bühnenraum um Außenbereiche erweitert und die Bühnendramaturgie um Melodramatik, erscheint sein Filmschaffen als bloße Reduktion von Theaterniveau

24

auf die damals so verstandenen – bescheideneren – Bedingungen des Kinos.

In den meisten seiner frühen Filme erzählt Bergman von jungen Menschen in äußerst bedrückenden Situationen, von ihren hilflosen Versuchen, diesen Situationen zu entfliehen und aus ihrem Leben etwas zu machen, woanders noch einmal ganz von vorne zu beginnen. Zentrum der ersten Filme (einschließlich *Die Hörige*) ist stets der erbitterte Kampf zweier Generationen – oder genauer: der älteren gegen die jüngere, betrachtet aus der Perspektive der jüngeren und manchmal überwältigt von pubertärem Weltschmerz. Die Alten, das sind meist eiskalte Zyniker, die ihre Frustration über die vergebenen Lebenschancen an den Jungen brutal abzureagieren trachten. Die Jungen sind somit die Leidenden, eingesperrt in ihrem Alltagsleben wie in einer Falle. Nur die Erinnerung an Zeiten der Kindheit, kurze Augenblicke des Verliebtseins an Orten der Abgeschiedenheit oder die vage Hoffnung darauf, bessere Tage zu erleben, vermögen ihren Schmerz etwas zu mildern.

Die Hörige beschreibt die Qualen eines Schülers, die er unter einem sadistischen Lehrer erdulden muß; in *Kris* (*Krise*) wird ein achtzehnjähriges Mädchen zum Objekt der aufopfernden wie besitzergreifenden «Muttertiere» [24] Stiefmutter und Mutter sowie Opfer des Freundes der Mutter, des amoralischen Verführers Jack (eine von Bergman häufig gestaltete Figur); in *Skepp till Indialand* (*Schiff nach Indialand*) ist der Sohn Opfer seines Vaters, der ihm sogar nach dem Leben trachtet.

Bergman inszeniert seinen ersten Film «Krise» (1945).
Mit Kameramann Gösta Roosling

Holger Löwenadler und Anna Lindall in «Schiff nach Indialand» (1947)

Doch was geschieht, wenn die Gepeinigten nicht nur an Flucht denken, sondern sie wagen? Bereits in Bergmans zweitem Film, *Det regnar på vår kärlek* (*Es regnet auf unsere Liebe*), treffen sich zwei Menschen, die die befohlenen Pfade der Wohlanständigkeit verlassen haben und den Rest ihrer Illusionen auf die Liebe des anderen setzen. Der bürokratische Ordnungswille der Etablierten jedoch ist mächtig und so gut wie allgegenwärtig. Nur mühsam und vorläufig findet das ungehorsame Paar Arbeit und ein Dach über dem Kopf, der Pfarrer verweigert die Trauung, eine Gefängnisstrafe droht dem Paar gar am Schluß, würde der Erzähler nicht im letzten Moment seinen Realismus verregneter Zeiten mit Ironie durchbrechen: als Anwalt erbarmt er sich seiner – einzig menschlichen – Gestalten, verschafft ihnen vor Gericht einen unerwarteten Freispruch und leiht ihnen seinen Regenschirm für ihre weiteren Wege – zurück in die Gesellschaft; wohin sonst?

In *Hamnstad* (*Hafenstadt*) wird die Flucht vor den Erziehern zum eigentlichen Thema des Films. In der Hafenstadt Göteborg, in einem Milieu, das alles andere als Züge einer Wohlfahrtsgesellschaft trägt, erfährt Berit, ein Mädchen aus der Unterschicht, die Einsamkeit eines Men-

«*Hafenstadt*» (1948): Plakat des westdeutschen Verleihs

schen, für den sich niemand verantwortlich fühlt, von dem jedoch alle
erwarten, daß er sich in der Ordnung der Erwachsenen bewährt. Der Film
beginnt mit Berits verzweifelten Sprung ins Wasser – sie wird gerettet. In
Rückblenden können wir ihren Weg verfolgen von einer Konfliktsitua-
tion zur nächsten. Und gleich nach ihrem Selbstmordversuch gerät sie
erneut in diesen Teufelskreis. Doch inzwischen hat sie den Seemann Gösta kennengelernt; so finden wie schon in *Es regnet auf unsere Liebe* und
Schiff nach Indialand zwei gestrandete Existenzen durch die Zweisamkeit
eine vorläufige Lösung – der Gedanke an Flucht wird aufgegeben: zusammen bleiben sie in ihrer Stadt. *Bald kommt ja der Sommer*[25] – so die Worte
Berits am Schluß des Films; sie bringen eine Art der Hoffnung zum Ausdruck, wie sie vielen Figuren Bergmans eigen ist. Der Seelenzustand sei-

ner Helden ist zu dieser Zeit nur in Ausnahmen gut an ihren Gesichtern abzulesen. Die Peiniger um sie herum, das Dekor ihrer Wohnung oder die Orte ihrer Flucht, überhaupt das soziale Umfeld charakterisieren ihr Innenleben. Wenn Bergman in *Hafenstadt* aus spontaner Begeisterung für den Neorealismus die Lebenssituationen seiner Figuren mit dessen halbdokumentarischen Gestaltungsmitteln auf die Leinwand zeichnet, so entsteht leicht der Eindruck, als ließe er den einzelnen an konkreten gesellschaftlichen Verhältnissen scheitern. Aber auch in diesem Film geht es Bergman um den von ihm so empfundenen Zustand der menschlichen Existenz, der als solcher zunächst nur festgestellt werden soll – wobei die Form der Bestandsaufnahme so beliebig bleibt, daß Bergman sich nicht untreu werden kann, wenn er einen Film *ganz im Geiste Rossellinis* [26] dreht. Sozialkritik stellt sich ein – wie nebenbei – auf Grund dessen, was die Kamera erfaßt und wie sie es erfaßt.

Angemessener als der Dokumentarismus von *Hafenstadt* vermag daher wohl der Symbolismus von *Schiff nach Indialand* Bergmans Lebensphilosophie zum Ausdruck zu bringen: Schauplatz dieses Generationenkampfs ist die bedrückende Enge eines abgetakelten Bergungsschiffs. Wie der Kapitän von der großen Fahrt in die Ferne träumt, so dessen leicht mißgestalteter Sohn allein davon, aus dem Gefängnis seines despotischen Vaters zu entkommen. Aus der Rivalität beider um dieselbe Frau geht der Jüngere als Sieger hervor. Der Alte, eine bis zur Erbarmungswürdigkeit von Haß gezeichnete Vaterfigur, muß langsam erblinden und wird obendrein dadurch bestraft, daß ihm der Versuch sich umzubringen tragisch mißlingt. Der Junge entschwindet am Schluß mit der geliebten Sally in einem Boot am Horizont – befreit auch von den Anzeichen der Behinderung. Ein Körperleiden wird häufig bei Bergman Seelenschaden signalisieren. *Mein Aufruhr gegen die bürgerliche Gesellschaft – das war der Aufruhr gegen den Vater* [27] – so Bergman später über seine frühen Filme, um sie vor politischen Mißdeutungen zu bewahren. *Schiff nach Indialand* konnte in dieser Hinsicht gewiß nicht falsch verstanden werden.

Das Paar scheint in Richtung auf ein besseres Leben zu fahren; besser, weil nach einem Prozeß der Selbsterkenntnis befreiter von Illusionen, oder nur wieder deshalb, weil er und sie den Versuch unternehmen, den Weg gemeinsam zu gehen. Aber selbst ein solch vager Ausblick auf gemeinsames Glück reicht bei Bergman nicht für allzu viele Happy-Ends. Wenn diese Bezeichnung überhaupt richtig ist, denn noch das geringe Maß an Optimismus am Schluß seiner ersten Filme wird relativiert durch Bergmans pessimistische Grundhaltung der Beziehung von Mann und Frau gegenüber: als positives Erlebnis kann die Gemeinsamkeit nur von kurzer Dauer sein, da jeder den anderen aus dem egoistischen Bedürfnis heraus sucht, der eigenen Einsamkeit zu entfliehen. Sally: *Man kann nicht nur einsam sein... man muß jemanden haben, den man liebt, sonst könnte man genausogut tot sein.* [28]

In dieser Sicht von Glück als ein Geliebtwerden – für Augenblicke oder als Hoffen darauf – zeigen sich die Grenzen des Existentialismus Bergmans. Eine Ausnahme in dieser frühen Reihe weitgehend passiver Lebensentwürfe deutet sich allein in *Musik i mörker* (*Musik im Dunkeln*) an: für den Helden des Films, einen erblindeten Pianisten, bedeutet die Freundschaft zu einem selbstbewußten Dienstmädchen und mehr noch der Kampf um den Erhalt dieser Freundschaft gegen einen Rivalen nicht nur Erlösung aus der Einsamkeit, sondern auch Möglichkeit der Selbstbehauptung gegenüber den Nicht-Behinderten.

Kampf der Geschlechter

In Bergmans sechstem Film – seinem ersten nach eigenem Drehbuch – tritt die Darstellung des Generationskonflikts völlig in den Hintergrund, und ins Zentrum rückt die Analyse dessen, was bisher einziger Grund zur Hoffnung war – die Solidargemeinschaft zweier Menschen also. Um das Ergebnis dieser Untersuchung vorwegzunehmen: die schwachen optimistischen Töne werden noch schwächer.

Fängelse (*Gefängnis*): Der Regisseur Martin dreht eine Art Liebesfilm, als er die Anregung erhält, einen Film zu machen über die Hölle auf Erden, die Hölle im Alltagsleben. Zwei junge Paare dienen als Anschauungsmaterial. Vor seinen und unseren Augen vollzieht sich in melodramatischer Überstürzung und Folgenschwere der Ereignisse das Drama zweier Lebensgemeinschaften, deren Verlauf in der Aufzählung folgender Stichworte hinreichend skizziert sein mag: Alkoholismus, berufliches Versagen, Zuhälterei, Prostitution, Lebensekel – und schlimmer: im ersten Fall bringt der Mann das Kind seiner Lebensgefährtin um und diese sich selbst, im zweiten Fall versucht der Mann seine Frau zu töten und umgekehrt, doch vergeblich; beide müssen überleben und zusammen bleiben, um einmal mehr das zu demonstrieren – unter ganz und gar pessimistischen Vorzeichen –, was bleibt, will der einzelne seiner Einsamkeit entkommen. Die Schlußerkenntnis des Filmregisseurs: das Leben sei *nur eine wollüstige Biegung zwischen Geburt und Tod*[29], ein Film über eine solche Hölle sei unrealisierbar, da er – in dieser Zeit ohne Glauben an Gott – keinen Ausweg zeigen könne.

Am Ende der vierziger Jahre, Bergman gilt als Experte für Furcht und Einsamkeit[30], gibt es in seiner Welt – fast – keinen Weg aus dem Geworfensein. Die Menschen bleiben Gefangene eines Daseins, das in seinem Ablauf vorherbestimmt erscheint durch das Böse als Prinzip. Wenn sich eines der Paare für das Zusammenbleiben entschließt, so ist darin wohl die selbstgeschaffene Höllenqual zu erkennen, aber kaum das Trotzdem des Sisyphos, das den Figuren späterer Filme (und wie ja bereits in *Hafen-*

Ingmar Bergmans

FÄNGELSE

BIRGER MALMSTEN · DORIS SVEDLUND
HASSE EKMAN · EVA HENNING

TERRAFILM

«Gefängnis» (1948/49): Plakat des schwedischen Verleihs

stadt) wieder Lebenssinn gibt. Der Teufel erscheint nun in der Gestalt der Jungen wie der Alten gleichermaßen, er ist *die aktive Bosheit, die der Mensch im Unterschied zu den Tieren ganz allein besitzt*[31], und im Wirken so gerichtet wie das Prinzip der kleinen Stummfilm-Schleife innerhalb des Films: Bürger, Einbrecher, Polizist jagen sich im Kreis, bis eine Zwickmühle aus Tod und Teufel diesen Mechanismus – vorläufig – beendet.

Den pessimistischen Dichtern der vierziger Jahre, den «40-talisterna», steht Bergman mit *Gefängnis* besonders nahe; nicht wenige von ihnen ziehen Selbstmord als allein wahrhaften Ausweg aus der «Hölle» und einzig möglichen Akt der Selbstbestimmung ins Kalkül. Wenn Brigitta

Carolina, die zentrale Gestalt des Films, die Entscheidung trifft, sich aus ihrem Gefängnis zu befreien, erscheint diese Selbsttötung nur folgerichtig.

Mit seiner Figur eines typischen Filmregisseurs reflektiert Bergman – in der Attitüde Pirandellos – seine eigene Arbeit und bezieht Position gegenüber Kollegen, Kritikern und Zuschauern – insbesondere gegenüber denen, die ihn nicht mögen: e r verfilmt das Höllen-Sujet, das der Regisseur seiner Fabel verwirft! Ingmar Bergman wird selbstbewußter. Auf der einen Seite bietet er seinem Publikum das vom Melodram, was es erschaudern läßt – übertrieben bis zur Unglaubwürdigkeit, auf der anderen Seite raubt er ihm mutig das, was es versöhnlich rühren könnte.

Die Thesenhaftigkeit von Handlung und Dialog schadet dem Film erheblich; demgegenüber ist ein souveränerer Umgang mit den konventionellen Mitteln der Filmtechnik zu erkennen. In einem Stil, den ein Kritiker mit Recht «schamlos eklektisch»[32] nennt, gelingt es Bergman, Atmosphäre auf filmische Art zu erzeugen, eine geschlossene Atmosphäre der Bedrängung; so verschafft er der Dingwelt ein bedrohliches Eigenleben und bewegt seine Personen – wie später in *Das Schweigen* perfektioniert – fast ausschließlich in Innenräumen und erfaßt sie in langsamen Kamerafahrten, in zum Teil ungewöhnlich langen Einstellungen. Bergman beginnt, Theaterdramaturgie und Kinovorbilder nicht gerade hinter sich zu lassen, wie manchmal behauptet, wohl aber nutzbar zu machen für eine Art der Gestaltung, wie sie später als Bergman-typisch zu erkennen ist, und die in diesem Fall einer extrem pessimistischen Weltsicht zum deutlichen Ausdruck verhilft. Wenn *Gefängnis* der originellste der ersten acht Bergman-Filme genannt werden kann, dann vor allem wegen seines Erfindungsreichtums, Düsternis darzustellen. Die zeitgenössischen Kinogänger im übrigen zieht es ins weniger Dunkle: kommerziell wird *Gefängnis* zu einem großen Mißerfolg.

Gerade weil *Gefängnis* in thematischer wie formaler Hinsicht viel vom anerkannten Bergman zeigt, überrascht sein folgender, 1949 entstandener Film auf Grund erstaunlicher Einfallslosigkeit. In *Törst (Durst)* ist Bergman bestrebt, den in *Gefängnis* eher als Extremfall geschilderten Geschlechterkampf als durchschnittlich erscheinen zu lassen. Wenn ihm dies nicht gelingt, so liegt das offenbar an der Stimmung, mit der vier Novellen Birgit Tengroths zu einem seltsamen Filmganzen verbunden werden. Bergman gestaltet die Vorlagen, die zeigen sollen, daß «jede Frau von irgendeinem Mann zerstört worden ist»[33], aus der kalten Wut eines Mannes heraus, der die eigene Ehe als gescheitert betrachtet – und zwar durch die Schuld der Frau.

Angekündigt wird *die Geschichte dreier Frauen aus der Sicht der Autorin*[34] – so der Vorspann. Der Film beschreibt das gemeinsame Schicksal dieser Frauen, das darin besteht, in ihrer Liebesfähigkeit krankhaft gehemmt zu sein. Eine dieser Frauen, Rut, die Hauptfigur des Films, glaubt von sich, ein Krüppel zu sein, nachdem sie einst von ihrem Geliebten zu einer Abtreibung gezwungen worden war und nun keine Kinder mehr bekommen kann. Sinnbild ihres Zustands ist die Eisenbahnfahrt gemeinsam mit ihrem Mann durch die Ruinenlandschaft von Nachkriegsdeutschland. Rut: *Diese Ruinen haben irgend etwas Steriles – leere Augen inmitten einer blühenden Natur... genau wie ich!*[35] Mit solcher Vordergründigkeit der Symbolik korrespondiert die Porträtierung der Frauen. So treffsicher Bergman in der Typisierung männlicher Verhaltensweisen ist (die in diesem Film vorgenommene Dreiteilung – der Chauvinist, der eiskalte Blutsauger sowie der bemühte Partner, der an einen Weg von Frau und Mann zueinander glaubt – wird charakteristisch für ihn), so mißlungen sind ihm die Frauen – gemessen am selbst gesetzten Anspruch, nämlich Frauen mit den Augen der Frauen zu sehen. Für die Erfüllung dieses Anspruchs soll Bergman bald gerühmt werden.[36]

In seinen späteren Filmen versteht Bergman selbst schwere psychische Krankheiten bei Frauen weniger als Mangel denn als bewahrte Fähigkeit zur Sensibilität gegenüber den Widersprüchen und Unzulänglichkeiten von Innen- und Außenwelt. Mann und Frau werden gleichermaßen zu *einer nach Millionen zählenden Armee von Gefühlskrüppeln*[37] gehören. In *Durst* aber zeichnet er seine Frauen als Gefangene ihrer Gefühle in der Bedeutung fremd- oder selbstverschuldeter Behinderung, als Abweichung von der Weiblichkeitsnorm. Die Fähigkeit, Leben gebären zu können, erhält in vielen Bergman-Filmen einen hohen Stellenwert; in dieser Eigenschaft sind Frauen wie die Kinder selbst stets Träger von Hoffnung. (Wenn in *Gefängnis* nach der Ermordung ihres Kindes der Tod auch von Brigitta Carolina mehr und mehr Besitz ergreift, so wirkt dies auf Grund der surrealen Überhöhung durchaus glaubhaft.) In *Durst* wird die Gebärunfähigkeit zum Gegenstand pathologischer Studien: neben der Sterilität erscheint sie in Form der Homosexualität. Bergman zu dem Vorwurf deutscher Kritiker, überhaupt eine Lesbierin auf die Leinwand zu bringen: *Niemand kann behaupten, mein Film mache solche Dinge begehrenswert. Im Gegenteil! Mir kommt es nur darauf an, daß die Leute, die meine Filme sehen, nicht gleichgültig bleiben.*[38] Hinter so viel zeittypischer Moral verschwindet die verunsichernde Betrachtung des Lebens zu zweit, das doch das Leben insgesamt meint, fast gänzlich. Daß eine solche Sichtweise wiederum nicht nur zeitbedingt ist, belegt Alf Sjöbergs gleichzeitig entstandener Film «Bara en mor» («Rya, Rya – nur eine Mutter»): Bergmans Lehrmeister zeichnet ein konturenreiches Porträt einer Frau und Mutter im Spannungsfeld zwischen den eigenen Erwartungen dem Leben gegenüber und den von der Gesellschaft gesetzten Rollenzwängen.

Durst wird ein Erfolg beim Publikum wie ein Jahr zuvor Birgit Tengroths Novellensammlung nicht zuletzt auf Grund der relativen Freizügigkeit in der Behandlung des Themas Erotik. Ein Filmhändler erwirbt *Durst* und einige kurz davor entstandene Bergman-Filme für den deut-

Bergmans Spiegel der Erkenntnis: Eva Henning,
Mimi Nelson und Naima Wifstrand in «Durst» (1949)

schen Markt und preist sie erfolgreich unter dem Motto an: «Unterleib,
Unterbewußtsein und Lebensangst»![39]

Ein Erfolg jedenfalls und Bergmans erster größerer Filmerfolg überhaupt. Mit seiner Liebesgeschichte vom blinden Musiker und dem einfachen, doch guten Mädchen, *Musik im Dunkeln*, hatte er bereits die Zuschauer derart rühren können, daß ihm SF nach dem Erstlingsdebakel
wieder ein Angebot zur Regie gemacht hatte; Bergmans Filme zwischen
Krise, *Hafenstadt* und *Durst* waren von Lorens Marmstedts kleineren
Filmfirmen produziert worden. Auf der anderen Seite heißt dies also bis
zu *Durst*: mit einer bescheidenen Ausnahme nur erfolglose Filme. Es
stellt sich die Frage nach der Art der Produktionsbedingungen, die einem
Regisseur wie Bergman eine solche Reihe von Experimenten ermög-
lichte.

Ähnlich der Zeit des Ersten Weltkriegs hatten auch zu Beginn der vierziger Jahre erschwerte Filmimportbedingungen im neutralen Schweden
zu einem Aufschwung der nationalen Filmproduktion geführt (und mit
45 Produktionen 1945 einen Höhepunkt erreicht). Viel Geld wurde inve-
stiert zur Förderung vornehmlich des einheimischen Nachwuchses – und
genau in dieser «günstigen Konjunkturwelle hatte Ingmar Bergman sein

Debüt»[40]. Wenn aber nach dem vierten oder fünften wirtschaftlichen Verlust Produzenten immer noch *das Wagnis begehen, für meine Talente Gold aufzubringen*[41], kann man kaum noch vom unternehmerischen Mut zum Risiko sprechen. Carl Anders Dymling von SF oder der erwähnte Lorens Marmstedt von Terrafilm müssen wohl *eigentümlich abenteuerlich*[42] genannt werden, wenn sie darauf hofften, daß Bergman oder einer der vielen anderen nicht minder erfolglosen Neulinge irgendwann ihren großen Wurf haben und sie selbst endlich ihren Gewinn machen würden, natürlich, um damit teils oder auch ganz erneut auf die Versuche des Nachwuchses zu setzen. Als jedoch nach beträchtlichen Erhöhungen der Vergnügungssteuer zu Anfang der fünfziger Jahre die Produzenten nicht länger investitionsbereit sind in diesem Land, das mit seinen sieben Millionen Einwohnern ohnehin nur einen begrenzten Auswertungsmarkt bietet, hat Bergman bereits einen kleinen «großen Wurf» getan, und eines Tages wird er bei SF sogar die seltene Freiheit genießen, Filme zu drehen nach Stoffen seiner Wahl und in Gestalt s e i n e r Art – zum Nutzen des Künstlers wie der Geldgeber. Am Anfang aber steht das Angebot an einen jungen Künstler, sein Talent zu beweisen – trotz allem und erneut. Welches andere Land hätte ihm eine solche Gelegenheit bieten können?

Als wollte er sich dafür bei seinen Produzenten und Zuschauern bedanken, erinnert sich Bergman – gegen sein kürzlich mit *Gefängnis* verkündetes Postulat – an s ä m t l i c h e Bereiche melodramatischer Erzählweise. Nach eigenem Drehbuch entsteht 1949 sein Film *Till glädje* (*An die Freude*). Nach *Gefängnis* ist dies der zweite Film, der sich mit der Problematik künstlerischen Schaffens befaßt; und wie manchmal in Bergmans künftigen filmischen Selbstporträts sind die Themen Künstlertum und Ehe- bzw. Familienleben aufs engste miteinander verknüpft.

Unter den künstlerischen Mißerfolgen des ehrgeizigen Musikers Stig leidet auch seine Ehe; er sucht Trost bei der Frau eines Freundes – es kommt zur Trennung der Eheleute. Doch der Künstler kann ohne seine Frau und seine beiden Kinder nicht leben, und es gelingt ihm, die Familie zur Rückkehr zu bewegen. Dann aber werden ihm die Frau und eines der Kinder durch einen Unfall genommen.

Bisher gab es bei Bergman gegen das Nichts nur die Beziehung zu zweit, so qualvoll sie auch sein mochte – in *Durst* hatte er diese Lehre eben erst vehement vertreten. In *An die Freude* wächst dem Helden etwas Neues zu, wie mit dem Hinweis auf die Beethoven-Hymne im Titel angekündigt, nämlich die Erfüllung im künstlerischen Schaffen – wenn es auch das Schaffen der Mittelmäßigen ist: so die zufriedene Einsicht, zu der der Filmheld gelangt. Wie gerade vordem sein Schöpfer, dem bewußt geworden war, daß er *nicht so genial wäre*[43], wie er es sich vorgestellt hatte.

Die Darstellung des Violinisten, seines selbstvergessenen Ehrgeizes, der weinerlichen wie zynisch-aggressiven Reaktion auf die Erfahrung der eigenen Unzulänglichkeit, des Egoismus gegenüber der Frau, der sich noch in der Eifersucht auf die Kinder zeigt, ist zugleich ein Porträt Bergmans in der Zeit seiner zweiten Ehe mit der Tänzerin Ellen Lundström. Bergmans Erforschung der eigenen Person ist kritischer als jene in *Durst* – im Ergebnis jedoch versöhnlicher sich selbst gegenüber. In der Wirklichkeit muß er sich in einem Teufelskreis bewegen. *Als Mensch habe ich Fiasko gemacht, deshalb muß ich versuchen, ein sehr guter Regisseur zu sein. So flüchtete ich ins Theater und ins Filmstudio...* [44] Das Jahr 1949 belegt seine Arbeitswut besonders deutlich: er inszeniert zwei Filme, Anouilhs «Die Wilde» und Williams' «Endstation Sehnsucht» in Göteborg, sein eigenes Stück *Kamma noll* für den Hörfunk, schreibt ein neues Drama, *Joakim Naken*. Sein Credo: *Ich will nur noch mit meiner Arbeit verheiratet sein.* [45]

Die Trennung von Ellen und den vier gemeinsamen Kindern Eva, Jan, Anna und Mats erfolgt weder so melodramatisch wie in *An die Freude* noch muß der Künstler lange allein mit seiner Arbeit verheiratet bleiben. In der Zeit der Vorbereitung zu *An die Freude* wird aus einem Interview, das die Journalistin Gun Grut mit Bergman führt, eine Beziehung fürs Leben – für ein paar Jahre jedenfalls. (Zwei Jahrzehnte nach der gescheiterten Ehe verunglückt Bergmans dritte Frau tödlich.)

Wenn die Kamera einen nach all dem Leiden höchst befriedigten Musiker bei den Proben zu Beethovens «Neunter Symphonie» zeigt, gar noch auf das Gesicht des Kindes zufährt, das dem Künstler bleibt, wird sich der gerührte Betrachter kaum mehr einen anderen Schluß wünschen können. Dennoch ist es nicht ein Regisseur wie Bergman, der eine s o l c h e Wende zum Guten glaubhaft vermitteln könnte. Als erwartete er von seiten der Kritik den Vorwurf, nach seiner Reihe von Mißerfolgen jetzt zu den falschen Mitteln der Publikumswirksamkeit gegriffen zu haben, kündigt er die Aufführung seines Films aggressiv mit den Worten an: *Ich möchte, daß die Leute meine Filme sehen. Ich bin kein Scheißsnob, der Filme für eine Clique ästhetisierender Sonderlinge macht.* [45] Vermutlich ist Bergman zu diesem Zeitpunkt noch von der Qualität seines Werkes überzeugt. Doch im folgenden Film bereits, *Einen Sommer lang*, distanziert er sich sowohl von einer Dramaturgie, die Leben und Kunst schematisch trennt, als auch von der Annahme, die Kunst könnte das Leben ersetzen.

Allemal veranschaulicht *An die Freude* das, was für Bergman (nicht nur in einer Zeit, in der er das Zerrissensein zwischen Künstlertum und Familienleben besonders heftig erlebt) künstlerisches Schaffen bedeutet: einen Weg der Entbehrungen und mühevollster Arbeit, der belohnt werden kann mit dem Empfinden, etwas nicht in Worten Faßbares vermitteln zu können. *Es geht um die Freude... eine Freude, die vom Verstand nicht erfaßt werden kann* [47], versucht der Dirigent Sönderby seinen Musikern das Beethoven-Werk zu erklären. *Filmemachen, das ist für mich ein persönliches Anliegen, ein Bedürfnis wie Hunger und*

Signe Hasso, Alf Kjellin und Ingmar Bergman während der Arbeit an «Menschenjagd» (1950)

Durst... Ich drücke mich aus, indem ich Filme mache[48], so beschreibt Bergman zu Beginn der fünfziger Jahre das Verhältnis zu seiner Kinoarbeit.

An die Freude ist nach *Gefängnis* der zweite Film Bergmans nach eigenem Drehbuch; über die Qualitäten des einen läßt sich so streiten wie über die des anderen. In dem Maße aber, in dem Bergman nach eigenen

Vorlagen seine Themen und Ideen gestaltet, zeigen sich für den Betrachter die Originalität des Künstlers und – klarer als bisher – der kulturelle Traditionsrahmen, in dem sich diese Originalität entfalten kann. Wie in vielen Ländern mit bedeutendem nationalen kulturellen Schaffen bilden sich in Schweden seit Beginn des vorigen Jahrhunderts zwei große, den gesellschaftlichen Interessengegensätzen vielfach entsprechende Hauptströmungen heraus, am deutlichsten in der Literatur erkennbar: die eine ließe sich kennzeichnen in einer Bandbreite etwa von der Mystik noch innerhalb der Romantik bis hin zum psychologischen Realismus, die andere vom psychologischen Realismus bis hin zu Formen eines sozialen Realismus. So wie sich die Vertreter der einen Strömung vornehmlich interessiert zeigen zum Beispiel an einem Gegensatz von Mensch und Übermacht (erscheine diese als Gott, Teufel, Natur oder als eine letztlich undurchdringliche Gesellschaft), so interessieren sich die der anderen Strömung für den Gegensatz Mensch und Gesellschaft als einen mehr oder weniger veränderbaren, zumindest aber erklärbaren historischen Prozeß. Wie für sie rationales Vermögen und die Fähigkeit zur genauen Beobachtung und Analyse sozialer Verhaltensweisen eine Rolle spielen, so für jene die Kraft der Inspiration, der Phantasie, der Träume und Visionen zur Erschließung neuer Wirklichkeiten.

Für diese eher irrationalistische Linie in der schwedischen Literatur stehen Namen wie Emanuel Swedenborg, C. J. L. Almquist, Hjalmar Söderberg, Hjalmar Bergman, Pär Lagerkvist, denen Bergman sich besonders verbunden fühlt. Genau in dieser Linie geben die «40-talisterna» um Eric Lindegren und Stig Dagerman den Ton an, als Bergman seine Theater- und Filmkarriere beginnt. Das Spektrum dieser Namen, von den Visionen des Ketzers Swedenborg über die ironisch gebrochene Gesellschaftskritik Hjalmar Bergmans bis zum Nihilismus der «40-talisterna», spiegelt sich wider in einer Person an den Nahtstellen beider Hauptströmungen: in August Strindberg. Er wird für Leben und künstlerische Arbeit Bergmans das, was man beständige und bemerkenswert intensive Inspiration nennen könnte. Als Kind beginnt Bergman das Werk seines großen Landsmannes für sich zu erschließen. Die Seelenverwandtschaft wird ihm bewußt – und von ihm kultiviert, in besonderem Maße affektbetont wohl, seit die Anschaffung des Gesamtwerks den Zorn des Vaters veranlaßte: *Stell es weg, Strindberg existiert nicht in unserem Haus.* [49]

Übereinstimmungen im Werk Bergmans und dem seines Vorbildes zeigen sich in einzelnen Themen und Motiven – im Konflikt der Geschlechter etwa oder im Vaterhaß; sie zeigen sich in inhaltlicher wie dramaturgischer Hinsicht in der Bedeutung, die der Innenschau beigemessen wird, den Träumen, dem Doppelgang von Gesagtem und Gedachtem, der Enthüllung von Verstecktem und Verdrängtem; beiden wird zeitweise das Kammerspiel zum ganz und gar adäquaten Ausdrucksmittel. Entscheidender aber sind die Übereinstimmungen in Wesenszügen ihrer Weltan-

August Strindberg

schauung: die Kritik Bergmans an menschenfeindlichen Lebensumständen ist wie die des späten Strindberg fundamental und zugleich apolitisch, das soziale Umfeld ist beiden festgefügter Bestandteil einer Welt, die ihnen in ihrer Gesamtheit und immer als Jammertal erscheint und in der das Dasein des einzelnen unendliches Leiden bedeutet. Gemeinsam ist beiden auch die zeitweise Unentschiedenheit, diesem Leiden irgendeinen Sinn geben zu können.

Was den Bereich des Films betrifft, so werden mit zunehmender Eigenständigkeit als Regisseur die konstanteren Einflüsse deutlich. Unter diesen vorrangig ist das Vorbild der beiden Größen des schwedischen Stummfilms, Victor Sjöström und Mauritz Stiller, wobei die Rolle Sjöströms, des mit Landschaft und Kultur seiner schwedischen Heimat eng verbundenen Filmerzählers, mit Gewißheit höher einzuschätzen ist als die des M o n t a g etechnikers Stiller, des entwurzelten Großstädters. Der thematische Einfluß Sjöströms und Stillers läßt sich in dem einen oder anderen Werk Bergmans wiederfinden: die Natur in ihrer Bedeutung bei Sjöström, nämlich das Geschick des Menschen stark beeinflussen wie auch seine inneren Zustände widerspiegeln zu können – *Die Jungfrauenquelle* ist ein deutliches Beispiel hierfür; andererseits der geistreiche Humor und die sublimierte Erotik der Salonkomödien Stillers, in *Lektion in Liebe* vor allem.

Eine thematische Erbfolgelinie ist aber häufig überbetont worden, aus dem einfachen Grund, da Bergman ja von der internationalen Reputation des schwedischen Kinos her der direkte und lange Zeit einzige Nachkomme der beiden Altmeister ist. Manchen ihrer inhaltlichen Schwerpunkte jedoch, zum Beispiel der antiquierten Herrenhausmoral in den Verfilmungen von Stoffen der von beiden bevorzugten Autorin Selma Lagerlöf, ist Bergman so fern, wie er ästhetisch und thematisch dem Dänen Carl Theodor Dreyer etwa nahesteht. Wie dieser bevorzugt Bergman das menschliche Gesicht als Spiegel von Innenleben; Dreyer und Bergman teilen die Annahme von der nachdrücklichen wie beständigen Wirksamkeit des Bösen; große Ähnlichkeit zeigt sich in der über Kierkegaard vermittelten Auffassung vom Leiden des Menschen als Nachvollzug der Leiden Christi.[50]

In filmtechnischer und -organisatorischer Hinsicht ist Victor Sjöström ohne Zweifel der wichtigste Lehrmeister Bergmans. Überaus intensiv hatte dieser dessen Stummfilme studiert, und die Bedeutung Sjöströms als Mentor und väterlicher Freund in seiner Eigenschaft als künstlerischer Leiter bei SF ist vergleichbar derjenigen, die dem von Sjöström gespielten alten Dirigenten für den von Erfolgswillen und Selbstzweifeln gleichermaßen geplagten Musiker in *An die Freude* zukommt. In *Wilde Erdbeeren* setzt Bergman seinem Vorbild ein bleibendes Denkmal.

Trotz allem: ein Einfluß dem Strindbergs vergleichbar läßt sich im Bereich des Films nicht feststellen. Dies liegt zum einen an der alles überragenden Bedeutung Strindbergs für Bergman, an der starken Verwurzelung dieses Filmregisseurs in der Theatertradition und gewiß auch an der vergleichsweise kurzen Geschichte des Films. Darin ist Bergmans Beitrag zum filmkünstlerischen Schaffen bald derart beträchtlich, daß die kinematographischen Vorbilder allemal überschattet werden. Wie kaum ein anderer erobert Bergman Strindbergs Erforschung von Innenlandschaften für den Film, das vornehmliche Medium der «äußeren Wirklichkeit»; er plagiiert Strindberg nicht: als Theatermann ist Bergman stets um strenge Werktreue bemüht – als Filmregisseur macht er ihn für seine Arbeit schöpferisch nutzbar.

Spätestens in den sechziger Jahren wird Bergman das seiner jeweiligen Thematik äußerst angemessene Ausdrucksmittel finden; in seiner ersten Filmtrilogie bereits beherrscht er souverän seine Dramaturgie der Gesichtersprache, die er noch weiter ausfeilen wird. Das Urteil des Berg-man-Exegeten Siçlier, im Hinblick auf die Inszenierung sei Bergman kein Neuerer und werde es auch nie sein[51], erscheint daher allzu voreilig.

Bei aller selbstverständlichen Einbindung in den kulturgeschichtlichen Rahmen (von dem nur einige wesentliche skandinavische Anteile beschrieben wurden) erscheint Bergman heute um so mehr als autonome Künstlerpersönlichkeit, als er gerade in dem Bereich der Kunst Autorenschaft durchsetzt (zuletzt wird er sein eigener Produzent), der am weitesten organisiert wird nach dem Prinzip der gewinnorientierten Gemeinschaftsproduktion und am wenigsten nach dem der individuellen Kreativität.

Gewiß wird die Bedeutung des Regisseurs innerhalb des Teams im Hinblick auf Thematik und Qualität eines Films durch Anhänger der sogenannten Autorentheorie manchmal überschätzt. Wenn aber der Anteil eines Regisseurs gegenüber allen anderen Anteilen der Mitarbeiter an einem Film eindeutig überwiegt, dann gilt dies für den Bergman, der in den folgenden Abschnitten beschrieben werden soll. Und in der Bedeutung dieses Anteils steht Bergman im Kreis vergleichbarer Kollegen wie Welles, Fellini, Godard oder Tarkowsky vielleicht an der Spitze – in «seiner Beharrlichkeit, der manischen, beinahe hysterischen Verteidigung seiner Integrität»[52].

Der Weg zum Ruhm

Liebe für einen Sommer

«Das Kino ist kein Beruf. Es ist eine Kunst. Es ist nicht das Team. Man ist immer allein, beim Drehen ebenso wie vor der weißen Seite. Für Bergman bedeutet Alleinsein Fragen stellen. Und Filme machen, darauf zu antworten. Es ist unmöglich, auf klassischere Weise romantisch zu sein.» [53] Mit diesen von Bewunderung erfüllten Sätzen versucht Godard die Autorenschaft Bergmans zu beschreiben. Und doch sucht Bergman in seiner Kunst nicht das Alleinsein des Schriftstellers, sondern die Geborgenheit im Kollektiv: *Ich habe die Einsamkeit im äußeren Dasein erlebt, aber gerade deswegen bin ich immer wieder in die Gemeinschaft geflohen, jedenfalls in eine illusorische Gemeinschaft.* [54]

Es ist gerade die besondere Art dieser Teamarbeit, die Bergmans persönlichen Stil in hohem Maße mitprägen soll. Seit seinen Anfängen als Filmregisseur arbeitet er die meiste Zeit des Jahres im Theater, mit einem kleinen, festen Ensemble. Aus solchen geschlossenen Truppen der Theater in Helsingborg, Göteborg, Stockholm und am produktivsten aus dem Ensemble in Malmö in den fünfziger Jahren bilden sich die heute legendären Bergman-Mannschaften: Übersichtliche Gruppen von Künstlern, mit denen Bergman bereits intensiv und gern gearbeitet hat und die sich ein weiteres Mal für relativ kurze Zeit zusammenfinden, um gemeinsam, von der Außenwelt fast so abgeschirmt wie bei Bühnenproben, einen Film zu drehen.

Zu den Theaterleuten stoßen die Filmtechniker, und auch aus ihren Reihen bildet sich über die Jahre ein Stamm von Mitarbeitern, der in dieser Art im Kinogeschäft mit seinen hektischen Fluktuationen ungewöhnlich ist. *Mit Hilfe dieser vertrauten Mitarbeiter kann ich eine bestimmte Atmosphäre der Spannung in der Dekoration erzeugen.* [55] Gunnar Fischer hat als Kameramann ein Drittel aller Bergman-Filme aufgenommen, und seit 1959 arbeitet Sven Nykvist fast ununterbrochen für Bergman. Einige Schauspieler werden drei Jahrzehnte in diesem Team arbeiten, wie Gunnar Björnstrand und Harriet Andersson, mit Unterbrechungen freilich. Überhaupt wechseln die Gesichter der Schauspieler (und die der Schauspielerinnen insbesondere) häufiger als die der Techniker. Man-

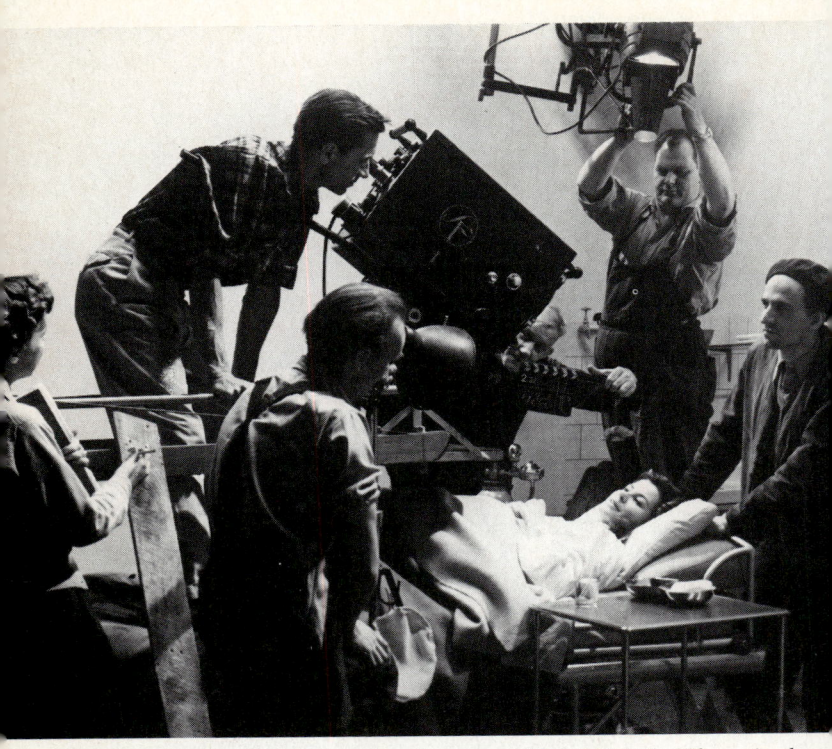

Bergman inszeniert «Sehnsucht der Frauen» (1952): Maj-Britt Nilsson in der Geburtsszene, an der Kamera Gunnar Fischer

che der Schauspielerinnen spielen die Heldin in einer Reihe von drei bis vier Filmen – wobei die Dauer ihres Engagements nicht zuletzt vom Frauentyp abhängt, den Bergmans Themen gerade erfordern: den rebellisch-jugendlichen Typ, den verführerischen oder den mütterlich-reifen.

Aber halten wir uns mit der Beschreibung des Typs der Schönen-Reinen an die Chronologie. Maj-Britt Nilsson spielte die Frau des Musikers in *An die Freude*, dem letzten in einer Reihe von Filmen, in denen der männliche Part im Vordergrund stand. Für sie ist wie für alle Theaterleute Sommerpause, und das bedeutet: Ingmar Bergman hat Zeit zum Filmen, die Kameraleute haben ideales Licht, und die nach nordisch-langer Winterzeit noch düstere Stimmung Bergmans wird zwangsläufig durch Sonne erhellt (wenn er nicht zu viel davon bekommt: ... *meine Alpträume sind immer in Sonnenlicht getaucht*[56]). Der kurze schwedische Sommer, der sehnlichst erwartet, intensiv erlebt und dem bald mit Wehmut nachgetrauert wird, erhält neben Maj-Britt Nilsson eine Hauptrolle in Bergmans Team: Nach der Erzählung *Marie*, die Bergman kurz nach seiner Schulzeit geschrieben und in der er Erlebnisse seiner letzten Sommerferien verarbeitet hatte, entsteht 1950 *Sommarlek* (*Einen Sommer lang*). Manchmal hat der Tod eines geliebten Menschen in der Filmwelt Bergmans für die hinterbliebene Hauptfigur Liebesunfähigkeit zur Folge. Schöpferische Tätigkeit oder einfach harte Arbeit werden zum Ersatz für den Verlust – in Anlehnung an Freuds Kulturtheorie. Grundmuster dieser Theorie wie auch der Psychoanalyse prägen Gehalt und Aufbau dieses Films in bedeutendem Maße.

Mit dem Studenten Henrik erlebte die lebenslustige Ballettschülerin Marie einst die große Leidenschaft. Doch das Glück dauerte nur einen Sommer; jäh beendet wurde es durch den tödlichen Sprung Henriks von den Klippen. Die Erfahrung anderer Paare, daß die Zeit der jugendlichen Liebe stets sehr kurz ist, konnte Marie so nicht mehr machen. Sie lebt künftig von dem Andenken an diese eine Liebe und für die Kunst. Der Journalist David wirbt vergebens um die Zuneigung Maries, die es inzwischen zur gefeierten Primaballerina gebracht hat. Erst als sie das Tagebuch über die nunmehr sechzehn Jahre zurückliegende gemeinsame Zeit in den Schären liest und noch einmal die Orte des Zusammenseins aufsucht, verschafft ihr das Erinnern eine Befreiung vom Trauma. Das gibt ihr und David gemeinsam vielleicht doch eine Chance.

Einen Sommer lang, nicht mit dem Kopf, sondern mit dem Herzen gemacht, wie Bergman seine Inszenierung charakterisiert, ist dennoch eine exakt konstruierte Lektion in der Philosophie Bergmans dieser Zeit über die Liebe, das Leben, den Tod und deren dichtes Nebeneinander; einer Philosophie, in der neben den Einflüssen Freuds und Ibsens vor allem die Nähe zum Impressionisten Hjalmar Bergman zu erkennen ist: Die Liebe ist besonders intensiv dort, wo in jungen Jahren ihre Bedingungen nicht reflektiert werden – bald muß eine solche Liebe sterben. So ist der Tod Henriks neben seiner schicksalhaften Bedeutung auch Symbol für den kurzen Sommer der Liebe wie für eine Lebensweise, die nur den Augenblick gelten läßt. Als ihr Geliebter stirbt, «lebt» auch Marie nicht länger, weil sie die Endlichkeit dieser Liebe nicht annimmt. Sie macht ihre Karriere, und als sie nach einer Probe zu «Schwanensee» bewußt in den Spiegel schaut – im Moment des Abschminkens –, erahnt sie die Tote unter der Maske. Der Spiegel, der wohl am auffälligsten gebrauchte Ausstattungsgegenstand in den Filmen Bergmans, wird in *Einen Sommer lang* überzeugend benutzt als Mittel zur Selbstbefragung. Die Bereitschaft zur Bewußtmachung verdrängten Erlebens durchbricht den tödlichen Bann. Marie kehrt in den Lauf der Jetztzeit zurück und ist nunmehr bereit, Formen der Liebe zu akzeptieren, die den Stadien des Lebens entsprechen; sie werden nie so sein wie die erste Liebe, aber zumindest die Einsamkeit überwinden helfen. Das Ende des Films vermittelt einen vorsichtigen Optimismus, der sich folgerichtig aus dem Aufbau der Handlung ergibt, der wiederum auch abgeschwächt werden kann durch die starke Sehnsuchts-Wirkung der Sommeridylle.

Über die Bedeutung des Sommererlebnisses wie des Sommers überhaupt in diesem und in anderen Filmen Bergmans ist viel geschrieben worden.[57] Tiefere Symbolgehalte wurden entdeckt, wie auch die Trivialität der jeweiligen Darstellung konstatiert wurde. Die Deutung des Sommers zum Beispiel als «Befreier aus dem Gefängnis des Ichs» ist gewiß so treffend wie die Charakterisierung der Sommerliebe als bloßes Klischee[58]: ein verliebtes Paar, Sommer, Ferien in einsamer Schärenlandschaft, stille Plätze, wo wilde Erdbeeren wachsen. Natürlich ist ein solcher locus amoenus nicht realistisch, in diesem Film ist er vereinfachter, auf unmittelbare Wirkung bedachter Ausdruck für den Moment höchsten Glückgefühls, der jählings beendet werden kann durch ein unerbittliches Etwas, auf das Menschen keinerlei Einfluß haben – ein Ausdruck in traditioneller Kinosprache. Deutlicher wird im folgenden «Sommerfilm» das Sommererlebnis zu einem Fluchtversuch aus Gesellschaft und Geschichte in eine Ideallandschaft, deutlicher wird dort auch die Vergeblichkeit dieser Flucht. In *Einen Sommer lang* versucht ein wehmütiger Bergman das Paradies dadurch festzuhalten, daß er der Liebe *doch noch einen schönen Schluß* gibt – durch Henriks Tod! Denn *ein Tod in Schönheit ist wohl schöner – jedenfalls im Kino – als in der Tristesse*[59]. Diesen «Tod» sollen Monika und ihr Freund – die Helden des Films *Die Zeit mit Monika* – mit der Rückkehr in die Alltäglichkeit erfahren.

Neben der traditionellen Gestaltung der zentralen Sommerszene fällt auf, daß Bergman zu Stilmitteln greift, die damals schon als unmodern galten. Doch solche Methoden erweisen sich in der Handhabung durch Bergman als erstaunlich geeignet, um die jeweiligen inhaltlichen Vorstellungen zu veranschaulichen: so eine simple Rückblende, die im Gesamtzusammenhang des Films nicht nur eine Zeit der Vergangenheit vergegenwärtigt, sondern das ungenutzte Vergehen von Zeit vorführt; oder der Rückgriff auf die klassische Naturmetaphorik, um das Gegen- und Beieinander von Tod und Leben suggestiv auf die Leinwand zu bannen – ohne freilich dieser benutzten Symbolik allzu viel Eigenleben zuzugestehen. Bergman selbst wird sich der gelungenen Handhabung der Gestaltungsmittel durchaus bewußt: *Zum ersten Mal fand ich, daß ich ganz selbständig funktionierte, mit einem eigenen Stil, und daß ich einen eigenen Film machte, der auf eine ganz eigene Weise aussah, die mir kein anderer nachmachen konnte.*[60]

Erstmals bei Bergman steht eine Frau im Mittelpunkt eines Films. Die Konzentration auf die Entwicklung dieser Person durch reflektierendes

«Einen Sommer lang» (1950)

Erinnern trägt neben dem angemessenen Einsatz der Gestaltungsmittel zur Geschlossenheit dieses Films bei und macht ihn zu einem ersten Höhepunkt in der Kunst Bergmans, einen scheinbar normalen seelischen Zustand als unbefriedigend zu entlarven und seine Veränderbarkeit zu beschreiben.

Das Publikum damals mag diesen Film, der dennoch kein großer kommerzieller Erfolg wird. Diesen Erfolg verschafft sich ein Jahr später Arne Mattsson, indem er die Liebesgeschichte derart dehnt, daß daraus die

Eva Dahlbeck und Gunnar Björnstrand in «Sehnsucht der Frauen»: Gefangen im Fahrstuhl

statische Heimatfilm-Version von *Einen Sommer lang* wird: «Sie tanzte nur einen Sommer».

Unterschiedliche Stadien von Beziehungen zwischen Mann und Frau mit und ohne Liebe kennzeichneten das Leben e i n e r Frau in *Einen Sommer lang*. Der Gedanke liegt nahe, die einzelnen Stadien von verschiedenen Frauen erleben zu lassen und damit den Versuch zu unternehmen, Liebe und Ehe verallgemeinernd zu porträtieren: *Kvinnors väntan (Sehnsucht der Frauen).* Vier Frauen in einem Sommerhaus, die auf die Ankunft ihrer Männer (vier Brüder) warten – mit Sehnsucht? *Wir sollten uns nicht von der Geheimniskrämerei der Männer anstecken lassen*[61], sagt Annette, die älteste von ihnen – und bekennt offen, daß ihre Ehe mit Paul alles andere als glücklich ist. Damit bricht sie in der Runde den Bann der bloßen Konversation und veranlaßt auch die anderen Frauen, über ihre scheinbar so harmonischen Ehen zu berichten. In einer Folge von Rückblenden läßt Bergman seine Frauen erzählen. – Rakel fand Liebe in ihrer Ehe so wenig wie in einer Romanze mit einem Jugendfreund. Seit ihr Mann damals aus Eifersucht mit Selbstmord drohte, tröstet sie, die kinderlos blieb, sich damit, für jemanden dazusein, der ihren mütterlichen Schutz braucht. Für Märta war der Maler Martin die große Liebe; doch der freischaffende Künstler wollte sich nicht binden. Erst als Märta ein Kind bekommt, heiratet er sie – pflichtgemäß. Für Karin ist nach fünfzehnjähriger Ehe die Beziehung zu ihrem Mann bloße Konvention. Nur einmal noch kommen Gefühle auf zwischen beiden, als die hektische Geschäftigkeit zwangsweise unterbrochen ist durch einen steckengebliebenen Fahrstuhl. Kaum ist die Betriebsstörung beseitigt, sind die Pläne für einen bescheidenen Neuanfang vergessen. Fazit aller Frauen: für Gefühle ist längst kein Platz mehr, denken doch die Männer an kaum etwas anderes als an ihre Geschäfte. Die Frauen haben resigniert und sich in ihrer Lage eingerichtet, der Kinder wegen vor allem. Aber so ist es wohl immer.

Immer? Der Film würde zu früh in Resignation enden, gäbe es nicht die fünfte Frau, Märtas junge Schwester Maj. Sie hat die Berichte der anderen mit innerer Empörung angehört und fragt ihre Schwester vorwurfsvoll, warum sie statt zu heiraten nicht dafür gekämpft habe, mit ihrem Kind allein leben zu können. *Jetzt hast du alles zerstört durch einen faulen Kompromiß!*[62] Maj wartet voller Sehnsucht auf ihren Freund Henrik – und kaum ist er da, entflieht sie mit ihm. Endlich – so erscheint es in diesem Moment – wird der Teufelskreis mutig durchbrochen. Doch als Märta besorgt dem Boot nachblickt, in dem das junge Paar über den See flieht, läßt Bergman Annettes Mann sagen: *Laßt den beiden ihren Sommer – früh genug kommen die Vernunft, die Wunden und all das andere.*[63] Auch der jugendliche Zuschauer soll jetzt wissen, ihm werde es so ergehen wie all den anderen, und er kann Majs Geschichte betrachten als Mosaiksteinchen, das in dem Bild der Ehe noch fehlte: als Vorgeschichte aller Liebesbeziehungen nämlich, die in der Illusion bestehe, alles ganz anders zu machen.

Sehnsucht der Frauen ist somit ein Film ohne Happy-End. Oder hat Bergman doch die heimliche Hoffnung, der Ausbruch könnte einmal glücken – wenn er immer wieder versucht werde? Bergmans Blick auf das Verhältnis von Mann und Frau ist der des erfahrenen Ehemannes, der weise lächelnd über den Dingen steht: eigentlich sei es allein die Frau, die stets eine Verbesserung der Lebensgemeinschaften erhofft – bedingt durch ihre naturhafte Bestimmung, immer in Erwartung auf das Neue zu leben, einer Erwartung, der die Männer natürlich in keiner Weise gewachsen seien.

Schon auf Grund des Episodenaufbaus ist *Sehnsucht der Frauen* ein Film reich an Bergman-Themen und -Stilen. In den Rückblenden arbeitet Bergman sogar mit äußerst unterschiedlichen Mitteln. Die Szene der zweiten Episode, in der die bevorstehende Geburt gezeigt wird, ist fast dokumentarisch. Sie ist bestimmt durch eine ungewohnte Vorherrschaft der Montage, in der Bergman versucht, das enge Nebeneinander von Einsamkeit und Hoffnung zu gestalten. In Karins Bericht konzentriert sich die Kamera – zwangsläufig durch das Eingeschlossensein – auf das Mienenspiel von Gunnar Björnstrand und Eva Dahlbeck. Diese Szene weist auf die kommenden Komödien hin, vor allem aber zeigt sie, wieviel Bergman – in der Enge – trotz der großen Bedeutung des Wortgefechts der Beobachtung von Gesichtern entnehmen kann. Nicht zufällig hat er im Aufzug einen Spiegel angebracht, so daß sich seine Figuren angesichts solch entlarvender Optik nicht länger verbergen können hinter ihrem ununterbrochenen Partygeschwätz. Die Szene zeigt deutlich, daß dies die Erzählweise ist, in der Bergman sich hervorragend auszudrücken versteht und die er Jahre später perfekt beherrscht.

Wenn dieser Film trotz der Vielfalt seiner Stile durchaus nicht uneinheitlich wirkt, so liegt das neben der thematischen Geschlossenheit vor allem an der erwähnten Haltung des Darüberstehens, einer patriarchalisch-konservativen Haltung zunächst, aus der heraus der Versuch unternommen wird, als Mann mit den Augen der Frau zu sehen – ein Unternehmen, das für Bergman typisch werden soll und wodurch dieser Film (er entsteht in enger Zusammenarbeit mit seiner Frau Gun Grut) seine eigentümliche Spannung erhält. Die Wahl der unterschiedlichen Episodenstile erklärt Bergman damit, daß jeder Stil die jeweilige Mentalität der erzählenden Frau zum Ausdruck bringen sollte. Doch bei aller Verschiedenheit stehen die Gemeinsamkeiten in den Sichtweisen der Frauen im Vordergrund: die Überlegenheit der Männer ist eine bloße Behauptung. Nicht weil die Augen der Frauen das wahrnehmen, was Frauen sehen wollen, eignen sie sich als Beobachtungsinstrument, sondern weil sie – und offensichtlich nur sie – den Blick auf die Wirklichkeit wagen.

Die Mischung der männlichen mit der weiblichen Sichtweise wiederum wird besonders offenbar in der Fahrstuhlszene: zunächst wird der Geschäfts-Mann in seiner Kälte wie auch Dummheit entlarvt; daraufhin werden die Darstellungen des lächerlichen Mannes wie der ironisch-überlegenen Frau derart überzogen, daß niemand anders kann, als mit dem armen Mann verzeihend Mitleid zu empfinden.

Ingmar Bergman bringt also das Kunststück zustande, die Parteinahme für die Frau mit männlichem Egoismus zu verbinden. Wenn dennoch *Sehnsucht der Frauen* zu dem Film wird, der Bergmans Ruf «als wahrer Frauenschilderer»[64] begründet, so ist dies wohl damit zu erklären, daß stärker als die übergeordnete Moral der Realismus der Analyse zu beeindrucken vermag, ein Realismus, der – gemessen am überkommenen Frauenbild nicht nur im schwedischen Film – zu den Ausnahmen im Kino der fünfziger Jahre gehört.

Sehnsucht der Frauen wird der Publikumserfolg, den Bergman sich erträumt, als er nach der Zeit des Filmstopps, finanziell am Ende (aus Protest gegen drastische Steuererhöhungen hatte die schwedische Filmindustrie ihre Produktion Anfang 1951 für fast ein Jahr lang eingestellt), ein Drehbuch schreibt mit dem Anspruch kommerzieller Attraktivität: *Es war das erste Mal in meinem Leben, daß die Leute lachten über etwas, das*

48

ich gemacht hatte.[65] Dies verdankt Bergman insbesondere Gunnar Björnstrand und Eva Dahlbeck, die als das Ehepaar mittleren Alters ihr bra-
vouröses Debüt geben. Birger Malmsten und Maj-Britt Nilsson verlassen
das Team. Das Paar für einen Sommer, das die beiden im Film zuvor
verkörperten, bleibt freilich noch für einen Film erhalten, der wiederum
an das Schlußkapitel von *Sehnsucht der Frauen* anknüpft, nämlich an die
Flucht von Maj und Henrik.

Aus Marie und Henrik, Maj und Henrik werden Monika und Harry,
die allerdings nicht mehr dem großbürgerlichen Milieu entstammen,
sondern der Unterschicht. Nach einer Erzählung Per A. Fogelströms
schreibt Bergman das Drehbuch zu *Sommaren med Monika* (*Die Zeit
mit Monika*). 1952, direkt im Anschluß an *Sehnsucht der Frauen* und in
nur wenigen Wochen wird *dieses Herzensmanuskript* verfilmt. Die Dreh-
arbeit *war die ganze Zeit der reine Spaß*[66] – und eben dies sieht man dem
Film an: kein früherer Film und kaum ein späterer wirkt so gelöst wie
dieser.

Es ist die für beide erdrückende Situation zu Hause und am Arbeits-
platz, die Monika und Harry einander in die Arme treibt und weiter – per
Motorboot – zur Liebesromanze auf eine einsame Insel. Einmal mehr ist
die Liebe so intensiv wie der nordische Sommer und so kurz: die Nahrung
wird knapp, und Monika ist schwanger. Ein letztes Mal träumen beide am
Lagerfeuer von der Idylle, so wie sie ihnen im Kino vorgeführt wurde,
dann erfolgt die Rückkehr in den Alltag: das Kind schreit in der Nacht,
der Wecker klingelt wie immer zu früh; Monika verläßt Harry und das
Kind. Am Ende, zwischen zerbrochenen Illusionen und erneuter Hoffnung, blickt Harry in einen Spiegel: ein Jungengesicht in Hut und Mantel,
auf dem Arm seine kleine Tochter.

Wieder scheitert eine Liebe – doch was *Die Zeit mit Monika* von den
beiden vorangegangenen Filmen unterscheidet ist neben der Wahl seiner
Helden aus anderem Milieu eine Erzählweise, die von vornherein stark
vom Ende der Geschichte her bestimmt ist: der Thematik angemessen
enthält der Film zwar eine Reihe lyrischer Bilder, der dramatisch-realisti-
sche Erzählduktus jedoch ist es, der den Aufbau der Geschichte prägt.
Verschiebungen lassen sich zudem in der Haltung des Autors seiner Geschichte bzw. seinen Personen gegenüber erkennen. Monika und Harry
scheitern an der zeitlichen Begrenztheit der Jugendliebe, aber auch an
gesellschaftlichen Zwängen und nicht zuletzt an persönlichem Unvermögen. Zwei Lebensweisen stoßen unversöhnlich aufeinander: das zwang-
hafte Bedürfnis nach unmittelbarer Glücksbefriedigung und das beinahe
planhafte Bemühen, das Glück zu erhalten – sei es auch nur das kleine
Glück, das den Kompromiß belohnt. Spätestens dann, wenn sich Monika
als eine schlechte Mutter erweist, scheint die Frage nach der Schuld für
das Scheitern dieser Freundschaft beantwortet zu sein. Doch Bergman
hält sich in seinem Urteil zurück, Sympathie und Antipathie für seine

Arbeit an «Die Zeit mit Monika» (1952)

Figuren halten sich die Waage – er stellt Monikas Ansprüche, ihre Träume, ihr Handeln verständnisvoll als gleichberechtigt dar.

Wenn der Zuschauer in seiner Entscheidung für oder gegen Monika verunsichert ist, so ist dies nicht zuletzt das Verdienst der Darstellerin Harriet Andersson, Bergmans Neuentdeckung, der es gelingt, das Wechselspiel von Sehnsucht und Resignation, kindlicher Unbekümmertheit und sinnlicher Lebenslust glaubhaft zu vermitteln. Zur Art der Schauspielführung wiederum trägt gewiß der nicht nebensächliche Umstand bei, daß der Regisseur heftig in seine Hauptdarstellerin verliebt ist. (Aus der Zuneigung entwickelt sich eine enge Freundschaft; bis 1955 leben Bergman und Harriet Andersson zusammen in Malmö.)

Hau ab und komm zurück[67], antwortet Bergman in einem seiner Selbstinterviews auf die Frage nach der Botschaft des Films. Der Film selbst bietet durchaus nicht die Rückkehr in die Gesellschaft, die Anpassung als Lösung. Richtig müßte es heißen: Hau ab und komm zurück. Aber bleib nicht zu lange! – Doch das hätte Bergman s o wohl nur gesagt, wenn er seinen Helden einen erfolgversprechenden Weg weisen könnte. Man mag es bedauern, daß er nicht zu den Regisseuren gehört, die die Zwangsmechanismen der Gesellschaft konkreter untersuchen und soziale Lösungen anbieten. Doch vielleicht ist Bergmans poetische Wirklichkeitssicht, die «nur» dem aus massivem Gefühl der Unzufriedenheit erwachsenden Drang nach Selbstverwirklichung auf der Spur ist, nicht

Harriet Andersson und Lars Ekborg in «Die Zeit mit Monika»

weniger überzeugend und erklärt darüber hinaus, warum dieser Film auch heute noch so frisch wirkt.

Die Darstellung der erotischen Szenen entspricht allerdings nicht mehr heutigem Maß an Freizügigkeit. Seiner Zeit jedoch war Bergman voraus. Als der Film fertig ist, nehmen sich die Zensoren seiner an. Von der Leidenschaft des jungen Paares lassen sie nur das in die Kinos, was sie für zumutbar halten – und was den Moralwächtern oftmals noch zu viel ist: in einigen Ländern wird der Film verboten. In anderen dagegen wird mit ihm das große Geschäft gemacht; die Menschen stürmen in die Kinos, um das zu sehen, was man von einem «Schwedenfilm» erwartet (und das bedeutet seit «Sie tanzte nur einen Sommer» zumindest eine Nacktbadeszene). Im Adenauer-Deutschland haben Heimat-Filme Hochkonjunktur; in eine solche Kulturlandschaft der heilen Welten gerät dieser publikumswirksame Film aus Schweden und bringt Filmkritiker in helle Wut darüber, daß dort eine Person geschaffen wurde, die «normale Menschen nicht verstehen... sie [besteht] restlos aus fauler Sinnlichkeit und [ist] nur verkommen und nichts als verkommen» [68]! Der künstlerischen Bedeutung von *Die Zeit mit Monika* sind französische Kritiker seinerzeit nähergekommen – so der schwärmerische Godard: «Monika ist der originellste Film des originellsten aller Regisseure.» [69]

Die Moral des Artisten

Nicht vergessen werden soll ein Film, der außerhalb der kleinen Reihe der «Sommerfilme» steht, aber in der Zeit zwischen *Einen Sommer lang* und *Sehnsucht der Frauen* gedreht wurde – als *eine Auftragsarbeit für Geld* [70]. *Sånt händer inte här* (*Menschenjagd*) ist eine Art Spionagethriller, und Bergman hat mit diesem Genre so viel gemein wie etwa Hitchcock mit einer reinen Liebesgeschichte. Wenn man danach sucht, findet man in dem Film durchaus ein Bergman-Thema: Angst und Verfolgung des einzelnen Bürgers durch Geheimdienste als bedrohliche Ausformung von Staatsbürokratie – so jedenfalls könnte es Bergman gemeint haben. Immerhin hat er das Skript mitverfaßt – zusammen mit Herbert Grevenius, dem professionellen Koautor zahlreicher Drehbücher der frühen Bergman-Filme.

Im fertigen Film ist nur von Agenten einer fremden Großmacht namens Liquidatzia die Rede, die unschwer dem östlichen Herrschaftsbereich zuzuordnen ist. Ein Agent will von dort zu den Amerikanern überlaufen und kommt nach Schweden, wo schon viele Flüchtlinge aus seiner Heimat leben. Doch der Geheimdienst ist auch in dem neutralen Land alles andere als ohnmächtig: er setzt die Flüchtlinge unter Druck (daß es sich um Balten handelt, wird nahegelegt) und jagt den Verräter Natas, bis dieser schließlich Selbstmord begeht. Einer der Agenten äußert über

Schweden: sie *haben von nichts eine Ahnung... Wenn sie wüßten, was hier geschieht, würden sie sagen: so etwas passiert hier nicht.*[71]

Wenn dem Film nach der Premiere von Kritikern Antikommunismus vorgeworfen wird[72], so resultiert wohl dieses Urteil allein aus der negativen Darstellung östlicher Geheimdienste. Dabei verharmlost der Film sogar, was den eigentlichen historischen Hintergrund der Geschichte betrifft, nämlich den Umgang der Sowjets mit den Balten Ende der vierziger Jahre, wie er übrigens den Umgang der schwedischen Behörden mit den Flüchtlingen von dort (viele von ihnen wurden an die UdSSR ausgeliefert) ganz und gar verschweigt. Zu Beginn der Dreharbeiten lernt Bergman baltische Flüchtlinge kennen, und als er von deren realer Situation in der Emigration erfährt, weiß er, daß er den *falschen* Film dreht: *... und da habe ich das Ganze als Schwindel gemacht.*[73] Was *Menschenjagd* tatsächlich zu einem bloßen Propagandafilm macht ist seine deutliche Absicht, nicht etwa die Machenschaften eines pervertierten Sozialismus aufzuzeigen, sondern lediglich in der damals üblichen Schwarz-Weiß-Manier des Kalten Krieges zu demonstrieren: so ist d e r Sozialismus. Bezogen auf die Wirkung, die *Menschenjagd* im politischen Klima der Zeit seiner Entstehung haben mußte, kann man Bergman verstehen, wenn er sagt: *Den Film habe ich ganz einfach verdrängt.*[74]

Lange vor Drehbeginn ist Bergman bekannt, daß mit der geplanten Protestaktion der Filmindustrie die Produktion auf unabsehbare Zeit eingestellt wird. Weil also die Finanzquellen zu versiegen drohen, nimmt Bergman die Arbeit, die ihm geboten wird: er dreht *Menschenjagd*, schreibt Drehbücher für Regiekollegen und fertigt im Auftrag der Firma Sunlight neun ca. einminütige Reklamefilme für die Seife «Bris». Als Bergman Anfang 1951 zum drittenmal heiratet, muß er fünf Kinder zweier gescheiterter Ehen versorgen; seine Arbeit am Theater in Göteborg hat er gerade aufgegeben, und sein Versuch, am Intima Teater in Stockholm Fuß zu fassen, bleibt ohne Erfolg. *Hungern... ist nicht so schlimm... aber die Menschen, für die man verantwortlich ist, nicht versorgen zu können – das ist die Hölle.*[75] Um so erstaunlicher ist, daß *Menschenjagd* Bergmans einziger Film bleibt (wie er 1968 behauptet), den er mit schlechtem Gewissen dreht. Um so höher auch einzuschätzen ist seine rigorose ethische Einstellung dem Filmemachen gegenüber, die unmittelbar aus den Erfahrungen mit dem Filmstopp und der Arbeit an *Menschenjagd* resultiert: Bergman bekundet, sich nie wieder kaufen zu lassen – *wie unsicher mein bürgerliches Dasein auch ist*[76].

1951 erscheint sein Aufsatz *Jeder Film ist mein letzter Film*, der zu einer Art Katechismus des Ingmar Bergman wird mit drei Geboten. Das erste: *Sei immer unterhaltend.* Im Bemühen, dem Publikum ein Erlebnis zu verschaffen, als *einzige Existenzberechtigung*, setzt sich Bergman nur eine Grenze, durch sein zweites Gebot: *Du sollst deinem künstlerischen Gewissen folgen*, ein Gebot, das ihm jedes *Verbrechen* erlaubt, *wenn es der Sa-*

che dient. So zum Beispiel stehlen, *wenn ich damit zu etwas Eigenem komme.* Um diesem Gewissen tatsächlich folgen zu können, soll es für ihn stets nur eine Form der Loyalität geben, nämlich dem Film gegenüber, an dem er gerade arbeitet – daher sein drittes Gebot: *Jeder Film ist mein letzter Film.*[77]

Solche Prinzipien muten heute naiv an in einer Industriebranche wie der des Kinos, und Bergman wird manches Mal gegen sie verstoßen haben. Und doch: betrachtet man Bergmans Schaffen insgesamt, wird erkennbar, daß er sich weitgehend an diese Moral gehalten hat. Die Sorge um das tägliche Brot freilich hat bald ein Ende. Mit Bergmans Festanstellung als Regisseur am Stadttheater in Malmö im Herbst 1952 beginnt in seiner Laufbahn als Filmregisseur die Phase der reifen Werke – reif in zweierlei Hinsicht: vorbei ist die Zeit der jugendlichen Helden, der nunmehr Fünfunddreißigjährige interessiert sich für die Probleme der zumindest Gleichaltrigen; und bis zum Ende dieses Jahrzehnts entsteht eine Reihe von Meisterwerken, die sein Ansehen als Künstler von hohem internationalem Rang begründen.

Vom Weg des Künstlers, der gar nichts wissen kann von solchem Erfolg, berichtet *Gycklarnas afton* (*Abend der Gaukler*), 1953 inszeniert. Aus dem Anblick von Zirkuswagen, die an einem Wintertag durch die Dämmerung rollen, entsteht die Idee zu einem Film über den Künstler als Außenseiter der Gesellschaft. Der Film erzählt die Geschichte vom Zirkusdirektor Johansson, der die Freiheit des fahrenden Artisten eher erleidet, als daß er sie genießen kann, weil er sie immer wieder durch Selbstentblößung und Erniedrigung erkaufen muß. Die Begegnung mit einer Theatertruppe, den Künstlern einer höheren Kategorie, bestärkt seine Zweifel am eigenen Können, und die Sehnsucht nach gesicherter bürgerlicher Existenz wird einmal mehr geweckt durch das Wiedersehen mit seiner geschiedenen Frau. Erst das schmerzliche Eingeständnis der eigenen Grenzen, so scheint es am Ende, gibt ihm den Mut zum Weiterleben für seine Kunst, welche stets die – unverhüllbare – Anstrengung aller Kräfte erfordert.

Erzählerisch geschickt verwoben in den Konflikt von Sein und Schein des Künstlers ist der Kampf der Geschlechter, wobei anders als in den «Sommerfilmen» die Frauen typisiert, die Männer eher differenziert erscheinen, allerdings in der gewohnten Zuteilung von Stärke und Schwäche, so daß Kritiker deutlichen Frauenhaß entdeckten.[78] Besonders sinnfällig wird die Verbindung beider Erzählebenen in der berühmt gewordenen Rückblende des Films: Alma, die Frau des Clowns Frost, entkleidet sich am Meer – vor einem applaudierenden Regiment Soldaten. Der gedemütigte Ehemann eilt herbei, holt seine nackte Frau aus dem Wasser und trägt sie unter dem Gejohle der Soldaten Richtung Zirkus, bis er unter der zu schweren Last zusammenbricht. Am Schluß des Films wird Frost von seinem Traum erzählen: er schlief im Bauch seiner Frau, wurde

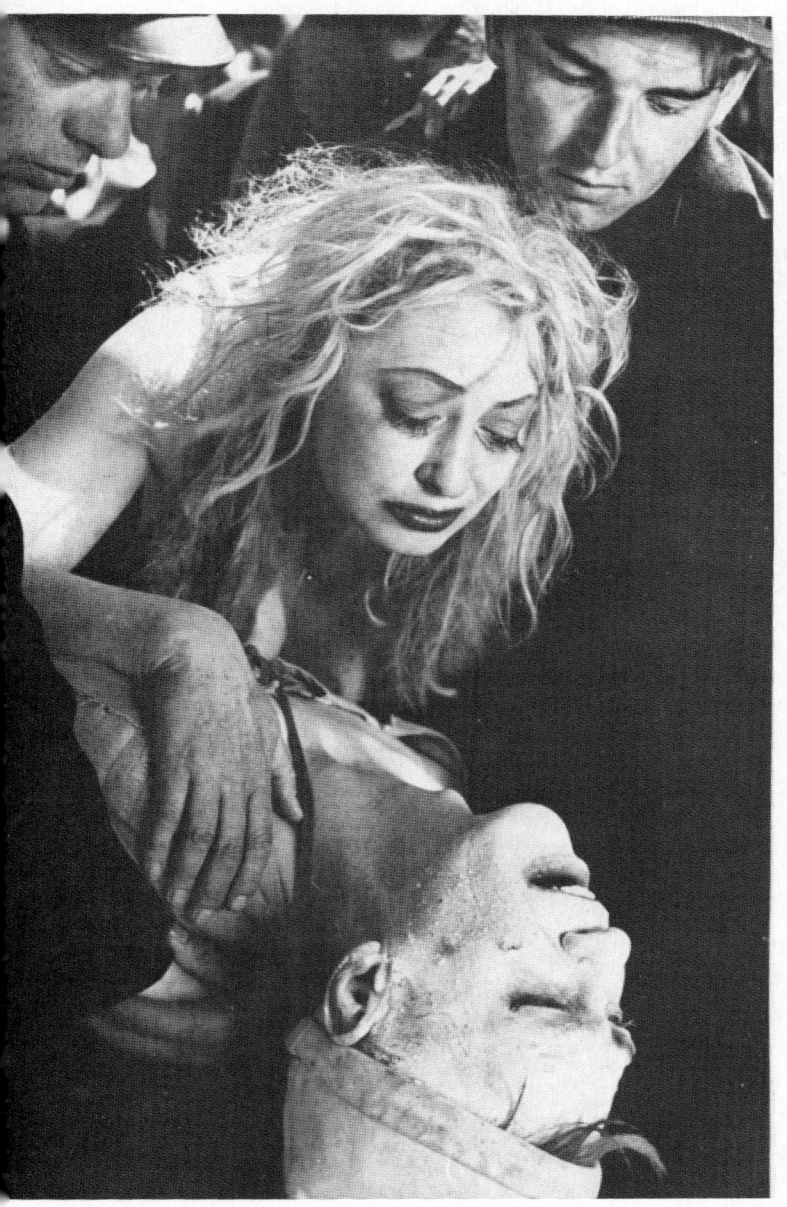

Gudrun Brost und Anders Ek in «Abend der Gaukler» (1953)

darin immer kleiner, *ein winziges Samenkorn, und auch das verschwand, und ich war weg...*[79].

Das Motiv der Erniedrigung erschien bisher fast immer in den Filmen Bergmans – sei es die der Jugendlichen oder der Künstler in der Welt der Etablierten, sei es die der Partner in ihrem Verhältnis zueinander. Nun rückt dieses Motiv ins Zentrum eines Films. *Eine der Wunden, mit denen ich in meinem Leben als Erwachsener am schwersten zu schaffen gehabt habe, ist die Furcht, gedemütigt zu werden.* Die Demütigung *ist eine der großen Grunderfahrungen*[80] – und in der Figur des Zirkusdirektors versteht es Bergman, diese Grunderfahrung überaus beeindruckend zu verdichten. Die Töne des Akkordeons, das am Schluß ein wenig versöhnlich gar ein Lied auf die Freiheit des Künstlers anklingen läßt, bleiben schwach gegenüber dem Filmganzen als einer Abfolge stets erneuter Erfahrungen des Gedemütigtwerdens. Wenn Bergman von sich selbst behauptet, sich niemals nach einem bürgerlichen Dasein gesehnt zu haben[81], darf dies nicht nur für die Zeit vor 1953 bezweifelt werden.

Sollte der Kampf um die Realisierung des Films (SF hatte die Produktion abgelehnt; schließlich wagte Sandrews das Risiko) die von Bergman gefürchteten Erfahrungen bereits vermehren, so reißt diese Kette der Erniedrigungen nach der Fertigstellung nicht ab: Einige Kritiker in Schweden würdigen Bildgestaltung und Schauspielerführung, ansonsten hagelt es Verrisse. Beim Publikum ist der Mißerfolg sogar total. Gründe für diese Ablehnung lassen sich – genau wie bei früheren Bergman-Filmen – in der Abneigung gegenüber ungewohnten Themen und Gestaltungsmittel (wie z. B. den Einsatz dissonanter Musik) vermuten. Nur die wenigsten Zuschauer vermochten sich mit dieser Art Künstlerproblematik zu identifizieren oder gar im Martyrium des Artisten das Dasein des Menschen zu erkennen.

Erstmals verläßt Bergman den Rahmen der Gegenwart und schafft sich, umfassender als in *Gefängnis*, seine eigene Wirklichkeit. *Abend der Gaukler* wird dadurch im besonderen Maße zu einem Film der Interpreten: das Lebensgleichnis ließ ihnen so viel Raum, daß die einen am Ende der Auflehnung gegen das Schicksal nur Niederlage entdecken konnten, die anderen aber Sieg. Die Deutung als existentialistisches Werk wurde zum Anliegen vieler Kritiker im Ausland und öffnete dem Film die Türen der Filmkunstkinos, insbesondere in Frankreich. Auf diesem Weg über die Cineasten wurde ihm doch noch zum Erfolg verholfen und seinem Regisseur ganz entscheidend zum internationalen Durchbruch.

Seinem Hauptthema, der Stellung des einsamen Menschen in der Welt, bleibt Bergman stets treu. Mit *Abend der Gaukler* nimmt er aber einige Akzentverschiebungen gegenüber früheren Erzählweisen vor, und neue thematische Linien werden angekündigt. Für lange Zeit wird gesellschaftliche Wirklichkeit für das Geschick seiner Figuren eine noch geringere Rolle spielen als bisher. Äußere Erscheinungen werden künstlicher in dem Maße, in dem Innenwelt stärker ins Zentrum des Interesses rückt. Menschen bewegen sich im Gefängnis ihres Ichs. Sie hoffen auf Erlösung, sie bemühen sich angestrengt und bewegen sich doch meist nur im Kreise. Flucht mit einem Schiff in die Ferne, das war die Illusion der Vergangenheit. Das Versprechen auf Rettung erscheint dennoch meist in bekannter Gestalt: Selbsterkenntnis zum Beispiel, das Trotzdem in der Sinnlosigkeit, für eine Weile auch (und das ist neu): Gott – vielleicht; doch mit größter Gewißheit: das Glück des Augenblicks und Kinder!

Bergman lacht

Aber wir befinden uns noch im Jahre 1953 – und wie kann Bergman an neue Fragestellungen und Ausdrucksmittel denken, wenn er damit keinen Erfolg hat? Die erste Reaktion auf *Abend der Gaukler* empfindet er als Katastrophe: *Ich wußte, daß mit jedem Mal, wo es schiefging, meine Möglichkeiten, Filme machen zu können, mehr begrenzt würden.*[82] Also muß er wieder Erfolg haben; den glaubt er am ehesten dadurch zu bekommen, daß er seine Zuschauer zum Lachen bringt. Etwas zum Lachen gab es zuletzt in *Sehnsucht der Frauen*, in der Fahrstuhlszene. Wie selbstverständlich knüpft Bergman daran an: das Eheverdruß-Motiv sowie die Situationskomik und nicht zuletzt die beiden Darsteller nimmt er von dort mit für seinen nächsten Film. *Lektion i kärlek* (*Lektion in Liebe*) ist «eine irre Komödie à la Lubitsch», wie Truffaut 1958 urteilt[83], wobei ihm zuzustimmen ist, was die Qualität des Films betrifft. Unter diesem Aspekt kann sich Bergman mit dem Meister der Kunst des Andeutens messen lassen. Im Hinblick auf die Eigenart der Komik jedoch haben beide wenig gemein. Bergmans Humor ist viel direkter und vermag den ihm innewohnenden Ernst nur selten zu verbergen.

Wenn der Ehemann die Ehefrau, ihrer nach sechzehn Jahren überdrüssig, betrügt, und sie, weil sie es ihm gleichtut, mit dem Zug davonfährt, er eifersüchtig hinterhereilt und bereits im Abteil auf einen Nebenbuhler trifft – so sind Richtung und Tempo der Bewegung in der Art der Screwball-Komödie konzipiert. Abteiltüren gehen zwischen den Wortspielen auf und zu – im Gang jedoch steht der bärtige Bergman persönlich und läßt zumindest einmal der Frau Gerechtigkeit widerfahren, indem er die herkömmliche Dreiecksgeschichte in eine Vierecksgeschichte verwandelt. Darüber hinaus sorgt er – auch dies entgegen der amerikanischen Komödientradition – für Einblicke in die Probleme von Liebe und Ehe vor und nach der Zeit des verflixten siebenten Jahres.

Das Lachen bleibt manches Mal im Halse stecken, wenn man erlebt, wie ein Komödienregisseur nicht nur augenzwinkernd die Institution Ehe entlarvt. *Das Ehebett ist der Tod der Liebe*[84], sagt der Held resigniert,

«Lektion in Liebe» (1954)

wodurch das Happy-End in eben diesem Bett nur mehr als schöne Illusion
erscheint: sehr langfristig bereitet sich Bergman vor auf genauere wie
spektakulärere Analysen gesellschaftlicher Konventionen.

Nach dem finanziellen Desaster mit *Abend der Gaukler* soll auch die
Firma Sandrews etwas weniger Ernstes bekommen; 1954 inszeniert Bergman im Windschatten seines letzten (von SF produzierten) Films *Kvinnodröm* (*Frauenträume*). Doch Sandrews sollte in dieser Zeit mit Bergman
kein Geld verdienen. Thema des Films sind – wieder anknüpfend an
Sehnsucht der Frauen – die Hoffnungen zweier Frauen unterschiedlichen
Alters auf die große Liebe und die endlich gereifte Erkenntnis, daß diese
immer nur ein Traum bleibt. Anders als in *Sehnsucht der Frauen* läßt
Bergman seine beiden Heldinnen noch einmal ausbrechen aus ihren festen Lebensverhältnissen, um sie in einer anderen Stadt das Abenteuer
suchen zu lassen. Die jüngere gerät dort in die Fänge eines alt und müde
gewordenen «Jack», des Verführers; die ältere der beiden, die ihren früheren Geliebten zurückerobern will, trifft auf eine ähnlich traurige Gestalt:
finanziell ruiniert, ganz von seiner Frau abhängig, ergeht er sich in Selbstmitleid. Durch Überzeichnung ihrer Rollen bis hin zur Karikatur bleibt es
diesen Männern überlassen, die Kennzeichnung des Films als «Komödie»
zu rechtfertigen. Das konturenreiche Spiel der Frauen in Opposition dazu
wirkt nicht nur als Stilbruch, sondern korrespondiert eigenartig mit der
Ernsthaftigkeit der Moral dieser Geschichte: Wenn die beiden Frauen

nach 24 Stunden um schlimme Erfahrungen reicher an den Ausgangsort zurückkehren, sind allzu deutlich die warnenden Worte des Regisseurs zu vernehmen: Frauen, hütet euch vor Abenteuern! Es ist der Regisseur, der mehr an *Durst* erinnert als an *Sehnsucht der Frauen.* Zur Minderung der Glaubwürdigkeit solcher Moral bei zeitgenössischen schwedischen Zuschauern mag der Umstand beitragen, daß in der Öffentlichkeit die Liaison des – noch verheirateten – Bergman mit Harriet Andersson bekannt ist.

Immerhin kann der Film *Frauenträume* als Generalprobe zum anschließenden Erfolg gesehen werden, zumindest im Hinblick auf Thematik und Ensemble; für das Paar Björnstrand / Dahlbeck wird es die bedeutendste gemeinsame Leistung werden. *Sommernattens leende* (*Das Lächeln einer Sommernacht*) wird ein Triumph. Für seine Produktion riskiert SF mehr Geld als üblich – und ist nach der Fertigstellung sehr enttäuscht: *Der Film sei nicht lustig, er sei stilisiert, er sei zu lahm, zu lang.*[85] Doch gewinnt er einen Hauptpreis in Cannes, und erstmals wird ein Bergman-Film zu einem hervorragenden Exportartikel. Was *Frauenträume* gewiß geschadet hatte, war seine allzu große Nähe zum Theater. Daß diese Nähe nicht immer ein Nachteil sein muß, beweist die vorläufig letzte der Komödien. Es reizte ihn – wie Bergman später sagt –, mehrere Paare zu nehmen, *sie durcheinander zu mischen und dann die Gleichung herauszufinden.*[86] – Ganz im Geiste Marivaux'.

Inhalt und Struktur des Films sind bestimmt durch strenge Dreiteilung: durch die drei Akte des Schauspiels, die Kennzeichnung der Liebe der Frauen als eines Spiels mit drei Bällen (Herz, Verstand, Schoß) und die Arten der Liebenden selbst – die Narren, die Einsamen und die wahrhaft Liebenden; ihnen allen wiederum entspricht die Klassenteilung in Adel, Bürger, Diener (die Handlung ist im Schweden der Jahrhundertwende angesiedelt). Diese Dramaturgie wirkt so konstruiert wie manches Libretto einer Mozart-Oper. Aber die Leichtigkeit eines Mozart, um die sich Bergman in seiner Inszenierung bemüht hat, sorgt für Ausgleich: wie es das Thema Liebe als ein così fan tutte erfordert, wird es variiert – mit Heiterkeit, ironischer Überlegenheit und Zynismus bisweilen.

Vom Publikum wahrgenommen wird in erster Linie wohl diese Leichtigkeit, es fühlt sich angenehm unterhalten – der große Kassenerfolg spricht dafür. Die Frage liegt nahe, ob Bergman die Linie seiner damaligen pessimistischen Grundstimmung verlassen konnte und dennoch einen sehr persönlichen Film zu gestalten vermochte. *Es war eine der schwärzesten Perioden in meinem Leben*, sagt Bergman über die Entstehungszeit und fügt stolz hinzu: *Man merkt es dem Film nicht an.*[87] Von der momentanen Krisensituation, dem Zwang zum Erfolg gibt der Film nichts zu erkennen. Was ihm dennoch einen eher pessimistischen Unterton verleiht ist die über unterschiedliche Schaffensphasen hinausreichende Grundhaltung, mit der Bergman sein Thema behandelt: Wieder

Sommernacht der Herrschaft...

einmal gehört der Film den Frauen, so wie diesen die Liebe gehört – wenn es sie denn über den Augenblick hinaus gibt; sie versuchen immerhin dieses Spiel mit den drei Bällen – vergebens zwar, wie sie bekennen. Ihrem ehrlichen Eingeständnis der Unzulänglichkeit entgegengesetzt ist die Behauptung der Männer, alles zu können und alles zu haben. Im Unterschied zu *Frauenträume* gelingt Bergman sehr überzeugend die Zeichnung einer Galerie von Männern, deren vorgetäuschte Stärke als Schwäche entlarvt wird. Das Unvermögen zu wahrer Gefühlsbeziehung (das Bergman später treffender zu analysieren vermag) wird dem Spott preisgegeben.

In Form von Komödien Geld verdienen zu müssen, hindert Bergman somit nicht, Frauen, Männer, die Gesellschaft und die Möglichkeit der Liebe in ihr mit s e i n e n Augen zu sehen. Die eigentliche Qualität dieses Films liegt vielleicht in der Besonderheit des Spiels, das enthüllt und damit zugleich Vergnügen bereitet. Wenn sich der Film in der Aufdeckung menschlicher wie gesellschaftlicher Widersprüche dem Tragischen nähert und er in Anbetracht der vermeintlichen Unlösbarkeit dieser Widersprüche die Lösung im befreienden Lachen sieht, so steht er in der besten Tradition gesellschaftskritischer Theaterkomödien.

...Sommernacht der Diener: «Das Lächeln einer Sommernacht» (1955)

Allein zwischen Gott und Teufel

Nach seinem «Farbfilm in Schwarz-Weiß»[88] kehrt Bergman zurück zum Film ganz in Schwarz und Weiß. SF hatte mit *Das Lächeln einer Sommernacht* endlich den großen Wurf gemacht, und Bergman kann der Firma dadurch die Annahme seines Projekts *Det sjunde inseglet* (*Das siebente Siegel*) abringen.

Die Idee zu diesem Film *kam mir bei der Betrachtung der Motive auf mittelalterlichen Malereien: die Gaukler, die Pest, die Flagellanten, der schachspielende Tod, die Scheiterhaufen für die Hexenverbrennungen und die Kreuzzüge*[89]. Doch zunächst entsteht aus der Idee der Einakter *Trämålning*, den Bergman als Lehrer an der Schauspielschule in Malmö für seine Schüler schreibt. Dieses Übungsstück, das aus einer Reihe von Monologen im Rahmen eines Totentanzes besteht, wird 1955 in Stockholm mit großem Erfolg gespielt. Im Sommer darauf entsteht in sehr kurzer Zeit der Film und wird – ausgerechnet – zum 50. Firmenjubiläum von SF uraufgeführt. *Es war eine Festpremiere mit Mordsstimmung.*[90]

«Das siebente Siegel» ist eine Allegorie mit einem sehr einfachen Thema: *der Mensch, seine ewige Suche nach Gott und dem Tod als einziger Sicherheit.*[91] Von einem Kreuzzug kehrt der Ritter Block zurück in seine schwe-

Der Reigen des Todes: «Das siebente Siegel» (1956)

dische Heimat, in der die Pest wütet. Er begegnet dem Tod – kann ihm
aber durch ein Schachspiel noch ein wenig Lebenszeit abtrotzen. Mit seinem Knappen Jöns zieht er durch eine Landschaft, die von der Angst vor
dem Sterben gezeichnet ist. Er begegnet Menschen voller Haß und besessen von religiösem Wahn, aber auch einer lebensfrohen Gauklerfamilie.
Einen Augenblick des Glücks vor der endgültigen Begegnung mit dem
Tod erlebt er in dieser Familie bei gemeinsamem Mahl aus Walderdbee-
ren und frischer Milch.

Dies ist gewiß eine der schönsten Szenen des Films: ohne viel Worte
fängt die Kamera die beinahe zeitlos wirkenden Momente der Freude in
einer Umgebung des Schreckens ein. In etlichen Szenen gelingt es dem
Film durch beeindruckende Bilder in der Tradition früher nordeuropäi-
scher Kirchenmalerei, die Schrecken des Mittelalters aufleben zu lassen.
Doch bewundernswerte Momente der Bergman-Visionen verlieren an
Kraft durch die Überfrachtung mit religiöser Symbolik und mehr noch
durch die insgesamt sehr wortreich gestaltete philosophische Konstruk-
tion.

Im Hinblick auf die Geißeln der Menschheit war eine Übertragung der
geschilderten Zeit auf die Gegenwart von Bergman beabsichtigt: *... im
Mittelalter lebten die Menschen in Furcht vor der Pest. Heute leben sie in*

Furcht vor der Atombombe.[92] Durch die Übermacht des Wortes jedoch schiebt sich, vielleicht ungewollt, die Betrachtung von Glaubenshaltungen in den Vordergrund, und zwar von neuzeitlichen Glaubenshaltungen; die für das Mittelalter eher typischen Formen des Dogmatismus und Fanatismus bleiben im Hintergrund. Zwar nennt Bergman seinen Ritter selbst einen religiösen Fanatiker, doch fanatisch erscheint er allein in seiner lebensfremden Suche nach Gewißheit – er zweifelt an Gott. Sein Knappe Jöns ist ein dem Diesseits zugewandter Atheist; Mia und Jof und ihr Kind schließlich stehen für die naiv Gott Vertrauenden. Sie, die Gaukler, erscheinen im Film – wenig überzeugend – als Träger der Hoffnung allein auf Grund ihrer Lebensart zu spielen, ohne Fragen zu stellen.

Ingmar Bergman hat seine eigenen damaligen Glaubenszweifel und Wünsche dargestellt, und wie er 1968 sagt, habe er *Sympathie gespürt für die Menschen vom Schlage Jöns und Jof*, mit einer Art Verzweiflung hingegen habe er die Blocks in sich erlebt, *von denen ich mich eigentlich nie richtig befreien kann.*[93] Ist gerade die Auseinandersetzung mit persönlichen Fragen die Stärke der meisten Filme Bergmans, so findet er für seine Erörterung diesmal nicht die angemessene Form. Daß so viele Worte gemacht werden, wirkt störend, aber auch der Gehalt mancher Worte, wenn sie so theatralisch klingen wie die Selbstanklagen des Ritters: *Die Leere ist ein Spiegel, der gegen mein eigenes Gesicht gewendet ist...*[94] Im Unterschied zu späteren Gestaltungen von Glaubenskonflik-

Der Ritter spielt um sein Leben: Bengt Ekerot und Max von Sydow in
«Das siebente Siegel»

ten, *Licht im Winter* vor allem, fügen sich Bild und Dialog nur selten zu einem poetischen Ganzen.

In den fünfziger Jahren sind die Kritiker des Lobes voll: *Das siebente Siegel* trifft genau die damalige Vorstellung vieler Kritiker von dem, was Film k u n s t sein müsse. Vom Tod erfährt der Ritter, daß er auf seine Fragen nach dem Sinn des Lebens keine Antworten erhalten werde; dennoch glaubt er manchmal, *daß das Fragen das Wichtigste ist*[95]. Allein solch aufgeklärtes Wahrheitsverständnis – wie angestrengt es auch zum Ausdruck kommt – ist ein Grund dafür, daß dieser Film insbesondere von der protestantischen Filmkritik so gerühmt wird: «... kein soziales Problem hat einen größeren Vorrang als die Frage nach den letzten Dingen»[96], bekennt ein deutscher Rezensent voller Inbrunst. Im Ausland wird der Film mit Auszeichnungen überschüttet. Doch dieser Preissegen muß nicht unbedingt für seine Qualität sprechen; möglicherweise ist er Hinweis dafür, daß *Das siebente Siegel* der am meisten überschätzte Film Bergmans ist.

Der am Schluß von *Abend der Gaukler* angedeuteten Überwindung der Lebenslüge haftete noch etwas von einem deus ex machina an, die Bewußtwerdung des Helden erfolgte durch einen symbolischen Akt beinahe zufällig. In dem 1957 inszenierten Film *Smultronstället* (*Wilde Erdbeeren*) wird diese Bewußtwerdung wie bereits in *Einen Sommer lang* zum eigentlichen Thema. Um einen solchen Prozeß zu veranschaulichen, eignet sich die Beschreibung einer Reise in besonderem Maße. In *Durst* spielte das Motiv der Reise erstmals eine bedeutende Rolle, zuletzt in *Abend der Gaukler* und *Das siebente Siegel* (dort zur Betonung der Kreislaufbewegung des Menschen); auch später wird Bergman immer wieder Reisen gestalten. In *Wilde Erdbeeren* ist die Reise das konstitutive Moment.

Für den sechsundsiebzigjährigen Medizinprofessor Isak Borg wird die Autofahrt von Stockholm nach Lund zu einer Reise in das Innenleben. Alpträume, Visionen und die Gespräche mit den Personen, denen er unterwegs begegnet, lassen ihn hinter seinem Leben im Dienste des Menschen, für das er jetzt mit dem doctor jubilaris belohnt werden soll, eine andere Wirklichkeit erblicken: ein Leben der längst erstarrten Gefühle und das daraus resultierende Unvermögen zu wahrhafter Menschlichkeit. Wie in *Abend der Gaukler* konzentriert Bergman das Grundthema des Films gleich zu Beginn in einer Traumszene, so daß die weiteren Geschehnisse wie Variationen dieses Themas auf anderen Ebenen erscheinen: Borg begegnet dem eigenen Tod. Doch erst der Fortgang der Handlung verdeutlicht, daß dieser Traum weniger die Angst vor dem Sterben zum Ausdruck brachte als vielmehr die Angst vor der Erkenntnis, lebenslang ein Toter ohne Begräbnis gewesen zu sein. In dem Maße, wie der Held den Blick auf sich selbst aushält, entsteht am Lebensende eines alten Mannes Hoffnung auf ein neues Leben. Vor vielen Jahren hatte sich Isak Borg auf sich selbst zurückgezogen, aus Furcht davor, in ein Netz von Lügen zu geraten. Am Ende der Reise wird er die selbstgewählte Isolation verlassen.

In *Abend der Gaukler* erforderte die Verkleidung des Selbstporträts noch große Anstrengungen – den Schauspieler Åke Grönberg wählte Bergman als äußeres Gegenbild zu sich. Zur Unterscheidung von der eigenen Person bleiben in *Wilde Erdbeeren* nicht einmal die Initialen, nur Alter und Beruf: Dieser Film sollte Bilanz eines Menschen ziehen, den Bergman sich vorstellte *als einen müden Egozentriker, der alle Bindungen um sich herum gelöst hatte – wie ich es selbst getan hatte*[97]. Doch in der Darstellung des kalten Egoisten durch Victor Sjöström bleibt diese Figur sympathisch – ein wesentlicher Grund dafür, daß sich die Zuschauer mit ihr identifizieren können und es darüber hinaus vielleicht wagen, den Blick auf sich selbst zu richten. Ein weiterer Anlaß für eine solche Identifikation ist die geglückte Einheit von Inhalt und Form: die Bewegungen der Handlung und ihrer Personen entsprechen den Bewegungen der Erkenntnis – Bewegungen, die sich in der Wirkung auf den Zuschauer fortzusetzen vermögen.

Was in *Das siebente Siegel* insgesamt mißglückte, gelingt in diesem Film: die Aufhebung der Grenze zwischen Imagination und Reflexion. Der inneren Verbindung von Erinnerung, Traum und gegenwärtigem Erleben im Kontext der Reise entspricht die strenge Verbindung einzelner Filmelemente wie Bildkomposition, Licht, Text, darstellerische Leistung zu einem eigenständigen Filmganzen. Wollte man einzelne dieser Teile separat betrachten, so erwiesen sich manche durchaus wieder als unmodern. Ursache für das geordnete Zusammenspiel der Mittel ist das Gestaltungsprinzip des Films selbst: der Autor unternimmt den Versuch, dem Leben seiner Figur unter Veränderung der gewohnten Raum-Zeit-Ordnung näherzukommen. Die unterschiedlichsten Gestaltungsmittel dienen konsequent dem einen Zweck, der Recherche. Hierin ist *Wilde Erdbeeren* Orson Welles' «Citizen Kane» vergleichbar: Übereinstimmung in der Thematik – die Suche nach der verlorenen Kindheit – führt zu Übereinstimmungen in der Wahl der Methoden.

Als wäre diese Suche die eigentliche Domäne des Films, wurden beide Werke häufig genannt, wenn es galt, die Eigenständigkeit des Films als Kunst zu belegen. Allerdings besteht zwischen beiden Filmen gerade im Hinblick auf die Recherche ein wichtiger Unterschied. Anders als bei Welles steht bei Bergman das Ergebnis der Untersuchung am Anfang weitgehend fest. Egoismus lautet der Befund – die folgenden Episoden erhalten etwas Gleichnishaftes, und selbst die Mithandelnden funktionieren als Spiegelungen einzelner Züge im Charakter Borgs. Gerade wegen dieser Konzentration aller Mittel auf die Schilderung eines Seelenzustands ist Bergman von Kritikern Abstraktheit seiner Hauptperson vor-

Der alte und der neue Meister: Victor Sjöström und Ingmar Bergman (mit Bibi Andersson während der Dreharbeiten zu «Wilde Erdbeeren», 1957)

geworfen worden: die Analyse des Charakters erhalte etwas Zwangsläufiges, ihr Befund könne vom Zuschauer nur mehr emotional erlebt, nicht aber gedanklich mitvollzogen werden. Dieser Vorwurf korrespondiert mit dem derjenigen Kritiker, die wie in anderen Filmen Bergmans die sozialen und historischen Bezüge vermissen.[98]

Die Feststellung dieser Tatbestände ist korrekt, fragwürdig sind jedoch die daraus abgeleiteten Vorwürfe gegen den «Romantiker» Bergman. In diesem Zusammenhang stellt sich erneut die Frage nach der besonderen Ästhetik seiner Filme und ihrer – wenn man so will – bewußtseinsverändernden Wirkung. Den Zuschauern zu Einsichten zu verhelfen, indem sie auf vielerlei Art zum Mitdenken angeregt werden, ist ohne Zweifel ein berechtigter Weg. Bergmans Weg ist ein anderer, ein Weg, der sich aus seinem Verständnis von Film als Mittel, das Gefühl zu treffen, ergibt. Bergman setzt auf Illusion, aber nur selten auf Schocktherapie im Sinne der antiken Katharsislehre, vielmehr auf Illusion, die zur Einsicht mobilisiert werden kann in die Notwendigkeit wie auch Möglichkeit zur Veränderung einer Situation – im Falle von *Wilde Erdbeeren* zumindest, wo das Angebot an den Zuschauer wie selten sonst von Optimismus bestimmt wird. In seiner exakt kalkulierten Wirkung folgt Bergman, bühnendramaturgisch gesehen, Brecht so wenig wie Sophokles, sondern am ehesten

Ibsen: dem Zuschauer wird Einfühlung ermöglicht, aber auch Distanz; der Mensch wird als unbekannt vorausgesetzt, aber als erkennbar gesehen, und zwar erkennbar vor allem in seinen Widersprüchen.

Die Abstraktion seiner Welt und die Reduzierung seiner Figuren auf das Private erweisen sich dann als große Stärke Bergmans, wenn der Blick ins Private künstlerisch so gestaltet ist und in seiner Wirkung auf den Zuschauer so berechnet ist, daß er auch Schlüsse zuläßt auf gesellschaftliche Zusammenhänge – weiterer und allgemeinerer Art vielleicht, als dies bei einer Ausgestaltung konkreter historischer Bezüge der Fall sein würde.

Bis zum Beginn seiner ersten großen Trilogie dreht Bergman vier – im Gesamtwerk betrachtet – sich bescheiden ausnehmende Filme mit sehr unterschiedlicher Thematik, Qualität und nicht zuletzt unterschiedlichem internationalem Erfolg. In diese Zeit, um 1960, fällt die Entdeckung Bergmans beim großen Publikum in den USA und in der BRD, eine erste Abkehr der französischen Cineasten vom verehrten Kino-Autor und der Beginn einer Anti-Bergman-Kampagne zu Hause.

1957 entsteht *Nära livet* (*Dem Leben nahe*), ein Kammerspiel nach einem Drehbuch, das Bergman zusammen mit der Schriftstellerin Ulla Isaksson verfaßt hatte. Wir erleben drei schwangere Frauen in einem Zimmer einer Frauenklinik: Cecilia, deren Ehe offensichtlich gescheitert ist, erleidet eine Fehlgeburt; Stina, die glücklich Verheiratete, erträgt die Schmerzen der Wehen nicht und bringt ihr Kind tot zur Welt. Schließlich Hjördis, die jüngste von ihnen – auch ihre Freundschaft zu einem Mann ist gescheitert; sie ist zu einer Abtreibung entschlossen, doch die Erfahrungen der Frauen-Gemeinschaft verändern sie: sie wird ihr Kind bekommen und es allein aufziehen.

In einer der Episoden von *Sehnsucht der Frauen* hatte Bergman die Empfindungen seiner Heldin Märta unmittelbar vor einer Entbindung fast dokumentarisch festgehalten. Jetzt erweitert er jene Episode zu einer psychologischen Studie dreier unterschiedlicher Frauen, die ihre Schwangerschaft als eine Ausnahmesituation erleben, in der sich Anfang und Ende von Leben seltsam nahe sind. Beeindruckend an diesem Film sind vor allem die schauspielerischen Leistungen dieser drei aus der Runde berühmter Frauen des Bergman-Teams: Eva Dahlbeck, Ingrid Thulin und Bibi Andersson.

Das menschliche Gesicht ist der Ausgangspunkt für unsere Arbeit[99], schrieb Bergman in einer Zeit, als *Einen Sommer lang* entstand. Tatsächlich wurde mit jenem Film erstmals deutlich, was die Mimik des Schauspielers und die genaue Beobachtung seines Blicks, *das feinste Ausdrucksmittel des Schauspielers*, durch die Kamera für Bergman bedeuten. Der Kamera und ihren Bewegungen gesteht er auch später nur selten ein Eigenleben zu – sie *muß als völlig objektiver Beobachter auftreten*[100]. Mit

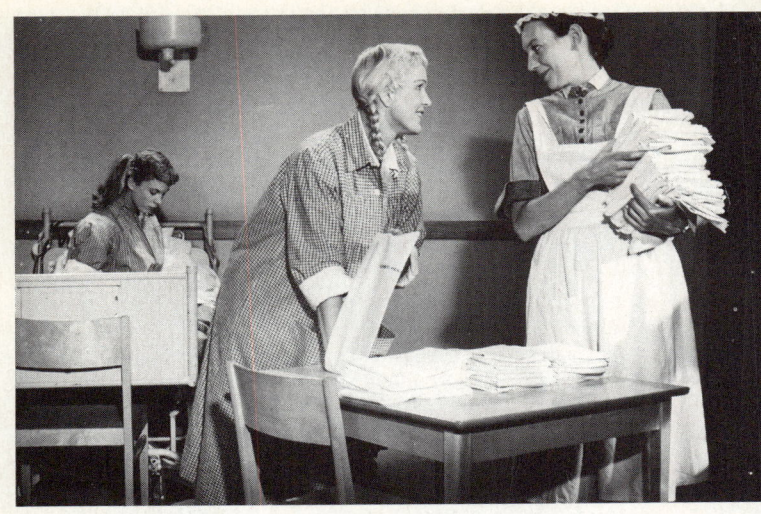

Bibi Andersson (l.) und Eva Dahlbeck (M.). in «Dem Leben nahe» (1957)

berechtigtem Stolz wird Bergman hinweisen auf die Harmonie in der über
drei Jahrzehnte währenden Zusammenarbeit mit Sven Nykvist, einem
Filmtechniker von hohem internationalem Renommee. Erklärbar ist die
Übereinstimmung vor allem auch mit dem Selbstverständnis dieses wegen seiner brillanten Lichttechnik gerühmten Kameramanns: «Niemals
Aufnahmen um der Aufnahmen wegen! Ich strebe nach Einfachheit
sowohl in der Bewegung der Kamera wie auch des Lichtes.» [101] Der Ver-
feinerung des *stärksten Beeinflussungsmittels des Regisseurs* [102], der Großaufnahme (kameratechnisch, mehr noch aber in Hinsicht auf Schauspielerführung), gilt ein wesentlicher Anteil vom künstlerischen Ehrgeiz
Bergmans. *Ich bin immer mehr am menschlichen Antlitz interessiert. Wir
alle tragen unsere Masken, aber da sind gewisse Punkte in unserem Antlitz,
die wir nicht verbergen können und die unseren wahren Charakter enthül-
len* [103], so begründet Bergman 1969 die zunehmende Bedeutung der Großaufnahme in seinen Filmen.

Durch das eigentümliche Zusammenspiel zweier ganz spezifischer
Merkmale der beiden Gattungen Film und Theater – die Kammerspielsze-
nerie und die Technik der Großaufnahme – demonstriert *Dem Leben
nahe* auf einfache Art einerseits Bergmans Fähigkeit zum äußerst konzen-
trierten Einsatz seiner Mittel, vorrangig aber das, was den leidenschaft-
lichen Theatermann am Film als Ausdrucksmöglichkeit interessiert.
Konnte für einen Schiller unter spät-feudalistischen Verhältnissen die

«Schaubühne» noch «ein unfehlbarer Schlüssel zu den geheimsten Zugängen der menschlichen Seele»[104] sein, so erweist sich deren Optik in eben dieser Funktion für den Spät-Bürger Bergman als unzureichend.

Das Echo in der schwedischen Presse ist besonders positiv – von Bergmans bestem Film ist die Rede und von einem «Film für Frauen»[105]. Ein Publikumserfolg wird *Dem Leben nahe* dennoch nicht – was angesichts der realistischen Darstellung dieser eben auch sehr qualvollen Situation im Leben von Frauen nicht verwundern sollte. In der BRD wird der Film gar nicht erst verliehen. Zur Zurückhaltung bei den Zuschauern wie zur Begeisterung bei der Presse gleichermaßen trägt möglicherweise die mißverständliche Haltung Bergmans in der Frage der Schwangerschaftsunterbrechung bei; mißverständlich insofern, als der Dokumentarismus der Situation (in der es konkret um die Frage der Abtreibung geht) weniger mit Bergmans sozialpolitischer oder ethischer Haltung zu dieser Frage konfrontiert wird, sondern mit seiner poetischen Vision und dem Kindersegen darin als Symbol für Leben an sich.

Wenn Gunnel Lindblom, seit *Das siebente Siegel* Mitglied der Bergman-Truppe, als Regisseurin 1980 mit ihrem zweiten Film, «Sally und die Freiheit», direkt anknüpft an *Sehnsucht der Frauen* und *Dem Leben nahe* (ihr Film beginnt und endet mit einer Abtreibung, ohne dafür oder dagegen zu plädieren), werden in bezug auf Bergman vor allem zwei Aspekte deutlich: a) wie sehr Bergmans Frauen-Filme von der männlichen Sichtweise geprägt sind, und b) daß es im gegenwärtigen Filmschaffen Schwedens eine inhaltliche Fortführung der Bergman-Tradition gibt – in diesem Fall mit überzeugendem Ergebnis aus dem Blickwinkel der Frau und ergänzt durch eine sozialkritische Komponente. Produziert werden die Lindblom-Filme[106] von Ingmar Bergman!

In Form einer atmosphärisch spannend erzählten Geschichte um eine Gauklertruppe in der Mitte des vorigen Jahrhunderts greift Bergman 1958 mit *Ansiktet* (*Das Gesicht*) die Künstlerproblematik von *Abend der Gaukler* wieder auf, und zwar viel selbstbewußter, mittlerweile, zugunsten der Künstler.

1846 kommt die Truppe des Magiers Dr. Vogler nach Stockholm, um ihr Publikum von der Kraft der übersinnlichen Dinge durch Hypnose zu überzeugen. Doch zuvor soll sich das *Heilstheater* einer demütigenden Untersuchung unterziehen durch ein *Komitee gegen betrügerischen Hokuspokus*. Der Arzt Dr. Vergérus, der Leiter des Komitees, entlarvt die Magie als Taschenspielertricks und will die Truppe aus der Stadt jagen, als der rettende Auftrag zu einer Aufführung im Schloß eintrifft. Das *Magische Heilstheater* bricht triumphierend auf – am Wagen ein neues Schild: *Königliches Hoftheater*.

In seinem neuen Spiel um Sein und Schein hat Bergman den Kontrahenten Bürger–Künstler die Merkmale Rationalismus und Irrationalismus zugeordnet. Der Rationalismus, einst geistige Waffe der aufgeklär-

Der Zauberer und sein Instrument: Bengt Ekerot und
Max von Sydow in «Das Gesicht» (1958)

ten Bürger gegen die überholte Feudalherrschaft, wird nurmehr in selbstgefälliger und zynischer Weise den Artisten gegenüber vertreten durch Dr. Vergérus, denn das Bürgertum hat sich etabliert und fürchtet nun den spielerischen Irrationalismus der Scharlatane, der die Stabilität der eigenen Grundlagen in Frage stellen könnte. Tatsächlich genügen den deutlich Maskierten wenige simple Tricks, um den vermeintlich Unmaskierten die Maske herunterzureißen. So plaudert die Frau des Polizeichefs unversehens aus einer Ehe voller Abgründe; der wissenschaftsgläubige Arzt verliert an Selbstvertrauen – allerdings nur für einen Moment: er obduziert eine Leiche im Glauben, es sei die Voglers, erkennt aber bald, daß er

70

hereingelegt wurde. Der Spuk, der den Arzt das Fürchten lehren soll, gerät zur schwächsten Szene des Films, denn plötzlich verzichtet Bergman darauf, das Verhältnis der Gegenspieler dem Zuschauer eher andeutungsweise – durch Gestik, Blicke, Worte, aber damit um so spannungsgeladener – zu vermitteln und greift selbst zu plumpen Tricks der Zauberkiste – ein Zeichen der direkten Solidarität mit den Voglers allenfalls. Insgesamt gesehen gelingt es Bergman aber, atmosphärisch dicht das Bild einer Epoche in der Schwebe zwischen Wirklichkeit und Über-Wirklichkeit einzufangen.

Neben diesen düsteren Grundzug des Films tritt ein komischer, wenn sich die Vertreter beider Seiten wie zwei Pole nicht nur abstoßen, sondern in eigentümlicher Weise gegenseitig anziehen: die einen erstreben jeweils die Sicherheit bzw. Unsicherheit der anderen. Unbestimmbare, urwüchsige Erotik suchen die Frauen der Dienerschaft wie der Herrschaft, und auf Grund dieses Verlangens wird Voglers Großmutter reich: ihr Liebeselixier findet reißenden Absatz und sie kann sich zur Ruhe setzen. Vogler selbst hat zwar dem Mann der Wissenschaft eine Niederlage bereiten können, zuletzt ist e r der Entlarvte und muß um Geld betteln. Diese ängstliche, äußerst sensible Künstlernatur ist unfähig zur bürgerlichen Existenz und müßte untergehen – kämen nicht die Boten des Königs, die ihn retten und dem erstaunten Zuschauer einmal mehr zeigen, wie sehr sich beide brauchen: die Künstler die Bürger (zumindest deren Geld) und die Bürger die Künstler – oder doch die Faszination durch die Kunst.

Und da Leben nicht nur in die Kunst, sondern Kunst manchmal ins Leben hineinreicht, demonstriert Bergman das Streben der Künstler nach Sicherheit auch auf realer Ebene. In dieser Zeit der *glücklichen Symbiose mit dem Theater in Malmö* hatte er dem gesamten Ensemble Rollen im neuen Film versprochen; so einfach ist das Massenaufgebot in *Das Gesicht* zu erklären – so einfach wie das Happy-End: *...es war in erster Linie so, daß ich mich allgemein mißachtet fühlte, und plötzlich bekam ich ein Königliches Stipendium.*[107] (Die Einladung aufs Schloß erfolgt fünf Jahre später: König Gustav VI. Adolf empfängt den Künstler zum Gedankenaustausch.) Der engeren Truppe Bergmans bietet der Film der Gesichter und Masken schauspielerische Glanzrollen – allen voran Max von Sydow, der auch im Mittelpunkt des folgenden Films stehen wird.

Mit *Jungfrukällan* (*Die Jungfrauenquelle*) kehrt Bergman zurück ins Mittelalter. Wieder in Zusammenarbeit mit Ulla Isaksson entsteht das Drehbuch nach einem der vielen schwedischen Volkslieder über «Herrn Töres Töchter in Vänge». *Die Jungfrauenquelle* ist die Geschichte einer Rache.

Karin, die jungfräuliche Tochter des reichen Bauern Töre, wird auf ihrem Weg zur Kirche von drei Hirten vergewaltigt und erschlagen. Rasend vor Zorn bringt Töre die Mörder um, bereut seine Rachsucht und gelobt, an der Stelle, wo seine Tochter starb, eigenhändig eine Kirche zu

«Die Jungfrauenquelle» (1959)

erbauen. So als würde ihm höheren Ortes verziehen, bricht aus der Erde eine Quelle hervor – die *Jungfrauenquelle*.

Was mag Bergman an diesem Stoff gereizt haben? Vielleicht das Thema des einsamen Einzelnen, der in die Tiefen seines Innern blickt, dort auf das Böse trifft, aber gereift hervorgeht aus dieser Begegnung. Bergman berichtet davon im gestrengen Stil mittelalterlicher Legenden. Doch die Abgründe, die sich in der widerstreitenden Seele dieser Bergman-Figur auftun, werden allzu schnell mit pietistischer Frömmigkeit zugeschüttet. Und Verständnis soll aufgebracht werden für das Verbrechen als Mittel der Selbsterfahrung! Voll ausgespielt wird der Sadismus der Vergewaltigung, so daß die anschließende Lynchjustiz gerechtfertigt erscheint – um so mehr, als sie in den elementaren Kampf von Gut und Böse eingebunden wird, in einen Kampf zwischen Glaube und Aberglaube im besonderen, aus der der schwankende, aber letztlich geläuterte Früh-Christ der Oberklasse gegenüber den stumpfsinnigen Wotankult-Anhängern der Unterklasse als Sieger hervorgeht.

Der Weg der Erfahrung, den jemand in einer Grenzsituation mit sich allein gehen muß, ist gehüllt in ein Schweigen, das sich wohltuend abhebt von der Beredsamkeit in *Das siebente Siegel*. Doch Bergmans Versuch, aus momentaner Begeisterung für den japanischen Regiekollegen Akiro Kurosawa heraus Max von Sydow in nordischen Gefilden einen Samurai mimen zu lassen, mußte wohl verunglücken; die befremdende Wirkung solcher Art Heldenkult vermag kaum gemildert zu werden durch einen Erzählstil, der dramatische, epische und lyrische Elemente jeweils sehr kontrolliert in sich vereinigt.

Ingmar Bergman erhält viel Lob dafür, daß er nach der Welle «sogenannter Schwedenfilme» zur wahren Quelle des nordischen Films zurückgekehrt sei, zum wahren Animismus der Filme Sjöströms, zur Allgewalt der Natur, der sich der kühne Töre stellt, groß, blond, blauäugig. «So brutal der Sexus beim Namen genannt wird, dieser Film ist ein Kunstwerk von jungfräulicher Reinheit»[108], heißt es zum Beispiel begeistert in der westdeutschen Presse.

Seit dem in Berlin mit dem Goldenen Bären preisgekrönten Werk *Wilde Erdbeeren* setzen sich in den USA Bergman-Filme auch in den Massenkinos durch, und zwar gegen den üblichen Boykott von Auslandsware durch die Hollywood-Konzerne. Es kommt zu einem regelrechten Bergman-Kult, einer Mischung aus wirklicher Popularität (wie sie seit Jahrzehnten keinem europäischen Regisseur widerfuhr) und amerikanischer Publicity-Technik.[109] Anfang 1960 erreicht dieser Kult seinen Höhepunkt – und als *Die Jungfrauenquelle* erscheint, erhält Bergman seinen ersten Oscar. Der Film verschafft ihm auch in der BRD den endgültigen Durchbruch. Untrüglichstes Kennzeichen dieser Wertschätzung sind Titelgeschichten der großen Wochenmagazine, «Time» und «Spiegel». «Der Spiegel»: Jetzt «kann als sicher gelten, daß Ingmar Bergman auch in der Bundesrepublik endlich aus dem Esoterikerkreis der Kunstkinobesucher hervorgebrochen und in die Bereiche des Massenpublikums eingedrungen ist»[110]. Bundesweit aufmerksam wird ein Massenpublikum tatsächlich – durch gerichtliche Zensurmaßnahmen in Bayern, die es auf «Lüsternheit befriedigenden Filmstoff»[111] abgesehen haben. Die Zuschauer strömen in die Kinos, in der Erwartung, ihr Bedürfnis nach freier Darstellung von Sexualität stillen und aufgestaute Aggressionen abreagieren zu können. Doch weniger als bei – in dieser Hinsicht vergleichbaren – späteren Kassenschlagern wie «Eine Frau sieht rot» oder «Hardcore»[112] kommen sie auf ihre Kosten, und der kommerzielle Erfolg eines Films beruht – wie in weit größerem Maße später bei *Das Schweigen* – auf einem fundamentalen Mißverständnis.

Ingmar Bergman ist nach Fertigstellung von *Die Jungfrauenquelle* wie so oft zunächst davon überzeugt, sein Allerbestes getan zu haben. Jahre später ist er anderer Meinung: der Film sei *ein Betriebsunfall*, *tot*, entstanden *wohl in einem Zustand der Verwirrung*[113]. Wenn Bergman nach einem Zeitraum von zehn Jahren zu diesem ganz anderen Urteil kommt, so kann dies verstanden werden als Hinweis darauf, wie dicht originäre Gestaltung

Bergmans und Selbst-Plagiierung beieinander liegen können. SF hatte übrigens von Anfang an Einwände gegen das Projekt gehabt und der Produktion nur zugestimmt unter dem Vorbehalt – einmal wieder –, daß der nächste Film eine Komödie sein müsse.

Die personifizierte Reinheit zwischen Gut und Böse: das Thema lag noch nahe – diesmal in Form einer Komödie also. Der 1960 entstandene Film *Djävulens Öga* (*Das Teufelsauge*) – in der BRD unter dem beziehungsreichen Titel *Die Jungfrauenbrücke* verliehen – ist so gearbeitet, als sollte Bergman Kräfte sparen für die Aufgabe, die unmittelbar vor ihm lag.

Das Teufelsauge ist ein Märchen vom Teufel, dem nach einem Sprichwort die Tugend eines Mädchens ein Dorn im Auge ist. Eine Pfarrerstochter bescherte ihm ein Gerstenkorn, und so schickt er Don Juan auf die Erde, damit dieser dem Mädchen die Unschuld und ihm das Augenleiden nehme. Doch Don Juans Verführungskünste sind nach dreihundertjährigem Höllenaufenthalt reichlich veraltet. Wider Erwarten trifft er auf ein der Liebe gegenüber aufgeschlossenes Mädchen; wie gebannt, bleibt ihm nur, sich artig zu verlieben.

Einiges kennen wir bereits: einen Teil Molière (dessen «Don Juan» hatte Bergman 1955 in Malmö erstmals inszeniert), einen Teil Mozart und einen Teil Bergman selbst – aus besseren Tagen allerdings, denn dieser Film gehört nicht zu seinen glanzvollsten Arbeiten. Der Idee immerhin muß viel Witz bescheinigt werden, nämlich einer Demontage des alternden Don Juan durch das erwachte Selbstbewußtsein der Frauen in einer Welt, in der Gott und Teufel um die Vorherrschaft streiten und in der zwar nicht die engelhafte Reinheit, wohl aber die Liebe der Frauen den Sieg erringt. Insgesamt jedoch fehlt es dieser Komödie an Humor – so muß Gunnar Björnstrand als Kommentator ständig zwischen Spiel und Publikum treten, um zu betonen, daß alles nicht so ernst gemeint sei. Der Weg zwischen Theater und Film war wieder einmal zu kurz: *Ich schrieb ein Theaterstück, dem ich eine notdürftige kinematographische Form gab*[114]; dabei ist Bergman sich nicht einmal sicher, ob es für die Bühne mehr hergegeben hätte.

Inzwischen hat der «reitende Bote des Königs» die stets gefährdete Künstlernatur mit den besten Nachrichten erreicht: höchste Anerkennung erfährt Bergman zu Hause und im Ausland – so nimmt ihn das Königliche Schauspielhaus in Stockholm, das Dramaten, Schwedens renommierteste Bühne, als Regisseur unter Vertrag; auf europäischen Festivals erhält er bedeutende Preise. Sogar Hollywood lockt mit Angeboten, dort zu drehen. Was ihn dazu bewegt, dankend abzulehnen, ist die Erinnerung an das Schicksal Sjöströms und Stillers, deren Abstieg mit ihrem Engagement in den USA begann, und es sind die mittlerweile zu Hause gewonnenen Arbeitsbedingungen: *Hier in Schweden weiß ich, was ich habe. Die Produzenten lassen mir freies Spiel. Wer weiß, ob ich diese Freiheit in den*

Schauspielhaus Dramaten, Stockholm

USA habe.[115] Die Produzenten m ü s s e n ihm weitgehend freie Hand lassen, denn seine Stellung im schwedischen Film ist nunmehr unangefochten; einige der ehemaligen Konkurrenten stehen vor dem Ende ihrer Kinoarbeit, wie Gustaf Molander und Alf Sjöberg, andere hat er weit hinter sich gelassen – wie Arne Mattsson oder Hasse Ekman. Mehr noch: nach Sjöström und Stiller hat Bergman dem schwedischen Film zu einem gewaltigen Aufschwung verholfen, so daß SF stolz verkünden kann, ihr Hausregisseur sei zu dem am meisten diskutierten Filmemacher der Welt geworden.

Ingmar Bergman kann unter Bedingungen arbeiten, wie sie ein Künstler in der Filmbranche nur erträumt. An seinem Wagen hängt ein neues Schild: «Kgl. Hofregisseur». Aber sollten die bewußt oder insgeheim ersehnte und nun erlangte Sicherheit, der rapide zunehmende Erfolg vielleicht doch einen Verlust an künstlerischer Substanz bedeuten? Der Gipfel des Ruhms zugleich Beginn des Abstiegs? Etwas Merkwürdiges sollte geschehen – oder vielmehr etwas Zwangsläufiges: auf diesem Höhepunkt des Ruhms erfährt Bergman die schärfste Kritik seines bisherigen Lebens. Ausgangspunkt der Demontage des Denkmals Bergman ist Frankreich. Dort hatte man die frühen Bergman-Filme in einer Reihe und damit das Neuartige an ihnen überhaupt entdeckt. Filme wie *Die Jungfrauen-*

quelle können die französischen Cinéasten kaum noch bewegen: viel moderner seien die distanziert-kritischen Darstellungen der totalen Kommunikationsstörungen als Krankenbild der bürgerlichen Gesellschaft, moderner auch die komplexe Gestaltung von Erinnerungsarbeit – das eine könne Michelangelo Antonioni besser, das andere Alain Resnais, und dies ohne religiöse Mystifikationen.[116]

Zur gründlichsten Abrechnung jedoch kommt es in Schweden selbst. *Die Jungfrauenquelle* wird zum Auslöser einer Kampagne gegen Bergman, die angeführt wird von Kritikern und Regisseuren der jüngeren Generation. Die Filmzeitschrift «Chaplin» bringt Ende 1960 eine Anti-Bergman-Nummer heraus. Die schärfste Kritik darin stammt von Ernest Riffe, der all das, was in der Öffentlichkeit an Kritik zu hören war, zusammenfaßt: Melodramatik und verschwommene Religiosität auf Kosten von Wirklichkeitsnähe, fehlendes soziales Engagement, und überhaupt sei Bergman ein guter Regisseur bestenfalls auf dem Theater. Die Einleitung zu diesem Angriff auf ihn schreibt Bergman selbst, und er bekennt darin, daß er leide, wenn er aus *Verachtung oder Böswilligkeit ermordet werde*[117]. Doch auch Riffe heißt in Wahrheit Bergman – wie «Chaplin» später enthüllt. Selbstironie? Vielleicht auch Flucht nach vorn aus Furcht vor der «Ermordung».

Mit dem Durchbruch des Fernsehens erreicht die Kinoproduktion in Schweden Ende der fünfziger Jahre ihren Tiefpunkt – trotz oder (wie es seine Kritiker sehen) auch wegen Bergman und seiner antiquierten Themen. Eine neue Generation von Filmemachern, die sich konkret für die sozialen Probleme des Alltags interessiert, wartet auf ihre Chance. Bo Widerberg, Jörn Donner, Vilgot Sjöman, Jan Troell drehen zu Beginn der sechziger Jahre ihre Erstlingswerke – selbstbewußt zwar, aber immer auch im Schatten des «Über-Vaters» und seines Marktwertes.

Mit der Filmreform von 1963 verzichtet der Staat auf eine Besteuerung, die das Siechtum der heimischen Produktion nur beschleunigt, und fördert statt dessen bis hin zu Verlustgarantien ein Filmschaffen, das sich mehr an Qualitätsaspekten orientieren kann als an Marktgesetzen. Unter solchen Voraussetzungen vermögen die genannten Regisseure dem schwedischen Film zu einer «Neuen Welle» zu verhelfen. Aber auch dem Hauptvertreter der – nunmehr – alten Generation werden die veränderten Produktionsformen zugute kommen.

Ingmar Bergman, 1962

Leben auf einer Insel

Das Schweigen Gottes

Ein Dämon suche die Filmwelt heim, hatte «Time» geschrieben[118], und gekommen war es eher umgekehrt: die Filmwelt suchte den armen Ingmar Bergman heim. Viele wollten ihn haben, manche ihn ermorden, andere ihn analysieren. Vielleicht wollten alle unter die so viel Faszination ausübende Maske des Dämons schauen? Seit der Figur des Magiers Vogler kennen wir das Gesicht des gequälten Mannes unter dieser Maske und wissen, daß nach dem Gastspiel im Schloß für ihn der Kampf nicht zu Ende ist. Was liegt für einen schüchternen und überempfindlichen Künstler näher, vor allem angesichts der neuerdings so heftigen Kritik an ihm, als sich zurückzuziehen – möglichst auf eine einsame Insel?

Ingmar Bergman flieht auf die Insel Fårö – der erste Film entsteht dort von dreien, die er später als Trilogie bezeichnet, und er kehrt zurück als ein neuer Bergman: alle bisherigen Werke seien nur Etüden zu dem, was nun käme. Was ist so neu an diesem Bergman, der doch auch von sich sagt, er wolle immer dasselbe ausdrücken?

Bergman-Filme sind bisher dafür bekannt, daß in ihnen die Frage nach der menschlichen Existenz allgemein gestellt wird. In einigen – wenigen – Werken ist diese Frage mit der Suche nach Gott verbunden, nach Gott als Schöpfer und als Erlöser der Menschen oder als höhere Idee. In anderen Werken ist die Daseinsfrage sehr diesseitsbezogen als Weg der Selbsterkenntnis gestaltet – hierfür ist *Wilde Erdbeeren* das deutlichste Beispiel. Dort, wo das Verhältnis Mensch–Gott sehr direkt erörtert wird wie in *Das siebente Siegel*, sind die einzelnen Figuren im wesentlichen von ihrer jeweiligen Gottesvorstellung bestimmt, kaum aber durch ihre Beziehung zu ihren Mitmenschen. Auf Grund dessen ergeben sich Unterschiede der Figurenzeichnung aus den verschiedenen Glaubenshaltungen, und wir sehen auf der Leinwand ein Typen-Ensemble aus Dogmatikern, Skeptikern, Atheisten und naiv Frommen. Zwischenmenschliche Beziehungen werden zur bloßen Nebensache, in der die Hauptsache wiederzufinden ist – als Gebot zum Beispiel.

Im Heiden Jöns zeichnet sich am ehesten so etwas wie Mitmenschlichkeit ab. Ganz unreligiös nimmt Bergman den Aspekt des menschlichen

Miteinanders in *Wilde Erdbeeren* auf. Nicht die Suche nach Gott, sondern die Selbsterkundung führt zur Gemeinschaft zurück. Das Streben nach Gemeinschaft wird weltlich gesehen, aber es hätte auch als eine Glaubenshaltung des ursprünglichen Pietismus gestaltet werden können; denn über einen religiösen Weg solcherart kehrt Bergman zunächst zum Glück des Isak Borg am Ende seiner Tage zurück.

Dies ist die Thematik seiner drei folgenden, 1960 bis 1962 entstandenen Filme: die Hoffnung am Ende von *Wilde Erdbeeren* und die Zerstörung dieser Hoffnung. Das Neue an dieser Thematik ist, a) daß von den religiösen Positionen für Bergman nur noch eine interessant ist, nämlich die am weitesten diesseitsbezogene: Gott ist das, was wir aus uns im Zusammenleben mit den anderen machen, b) daß auch dieser religiöse Aspekt in dem Maße an Bedeutung verliert, in dem die Beobachtung menschlicher Kommunikationssituationen an Genauigkeit zunimmt. Diese Genauigkeit wiederum hängt ab von der Anzahl der beobachteten Personen und der Übersichtlichkeit der Zeit und des Raums, in denen sie sich bewegen. Erneut erweist sich Bergman als gelehriger Schüler Strindbergs und seiner anderen von ihm auf dem Theater gespielten Meister (vor Drehbeginn des ersten Films hatte er gerade Tschechovs «Möwe» inszeniert): eine Familie auf einer Insel, sechs Menschen in einer Kirche und ihrer näheren Umgebung, zwei Schwestern in einem Hotelzimmer.

Schließlich verliert mit zunehmender Genauigkeit in der Beobachtung neben der religiösen Seite auch das Prinzip Hoffnung an Bedeutung. In dem Streben nach Gemeinschaft – *das ist der tiefere Instinkt in uns* – vermag Bergman immer weniger ein Element der ehrlichen Nächstenliebe oder eines selbstlosen Glaubens zu sehen; der Egoismus tritt stärker hervor in der Suche nach Geborgenheit: nur *durch dauernde Gemeinschaft können wir die ungeheuerliche Tatsache der totalen Einsamkeit akzeptieren*[119].

Teil 1 der Trilogie: *Såsom i en spegel* (*Wie in einem Spiegel*). Eine Frau und drei Männer machen Ferien in einem alten Sommerhaus auf einer Insel – die kranke Karin und die Personen, die ihr am nächsten stehen: der Schriftsteller David, ihr Vater, ihr Bruder Minus und ihr Ehemann, der Arzt Martin. Tagsüber sind alle in Ferienstimmung, nach Sonnenuntergang jedoch herrscht eine andere Wirklichkeit. Nur Martin, der Vernünftige, schläft. David müht sich mit seinem neuen Roman, dem siebzehnjährigen Minus machen die Nöte der Pubertät zu schaffen. Karin, die an einer unheilbaren Schizophrenie leidet, zieht es in die verlassenen Räume im Obergeschoß, wo sie – wie durch die seltsamen Muster der Tapete hindurch – in eine andere Welt tritt, um das Erscheinen Gottes zu erwarten. Am nächsten Tag wird sie einen so heftigen Anfall erleiden, daß sie in die Heilanstalt zurückgebracht werden muß.

Allen vier Personen ist das Leiden an ihrer Beziehungsarmut gemeinsam. David suchte einst in der schöpferischen Tätigkeit Ersatz für das

Lars Passgård und Harriet Andersson in «Wie in einem Spiegel» (1960/61)

fehlende Gefühl zu seinen Mitmenschen, doch mehr und mehr wird ihm bewußt, daß seine Figuren so leer sind wie sein Verhältnis zu seinen Kindern. Minus und Karin suchen die Zuneigung ihres Vaters wie in den Tagen der Kindheit. Karins Gefühle für Martin sind erloschen, somit empfindet sie sich in einem Zustand ohne Liebe.

Die Krankheit Karins wird zu einem Kristallisationspunkt im Film. Zunächst ist sie einfaches Symbol für den Status quo der Gefühlsbeziehungen. Wenn die Liebe, wie David sie versteht, *Gott beweist oder auch Gott selbst ist*, dann erscheint Gott in der «anderen» Wirklichkeit Karins nur zu selbstverständlich als Spinne mit einem *ekelhaften, bösen Gesicht*[120]. Auf einer anderen Ebene dient die Krankheit als Spiegel: wer hineinschaut, muß die eigene Ich-Bezogenheit betrachten, wird aber durch das, was er sieht, zur Umkehr gemahnt. Mit diesem Blick in den Spiegel verändern sich die drei Männer. Am deutlichsten werden die gegenläufigen Bewegungen an David, der eigentlichen Hauptperson des Films: Der Egoismus zeigte sich bei ihm besonders extrem – zugleich aber am ehrlichsten, denn er wagt den Blick auf Tabubereiche im Innern. Vor einiger Zeit war ihm der Versuch, sich umzubringen, deshalb mißglückt, wie er meint, weil er in seiner Leere ein schwaches zwar, doch wirkliches Gefühl für seine Kinder entdeckt hatte; seither versuchte er, der Realität nicht länger auszuweichen. Konsequenterweise verbrennt er die Manuskriptseiten seines Romans und spricht mit Minus und Martin. Auf Minus, für den in der inzestuösen Begegnung mit seiner kranken Schwester eine Welt zusammenbrach, wirkt die abschließende Begegnung mit dem Vater wie eine Befreiung.

Dramaturgisch gesehen ist die Schlußsequenz mehr als ungeschickt, wenn durch das bedeutungsgeladene Gespräch zwischen Vater und Sohn über Gott und Liebe der Eindruck entstehen muß, das bisher Geschehene solle religionsphilosophisch erläutert und es könne gar eine Lösung aller Probleme als frohe Botschaft geliefert werden. Diesen peinlichen Schluß hätte der Film nicht nötig, denn seinen vorsichtigen Optimismus wie auch seine Spannung bezieht er aus seinem dialektischen Aufbauprinzip, zwei Bewegungen gegeneinander laufenzulassen: die Linie Entfremdung und die Linie Selbsterkenntnis. Daher gibt nicht das Gespräch als solches oder das plötzliche Auffinden von Liebe in all ihren Formen, sondern die Überzeugung von der Notwendigkeit ehrlicher Worte Hoffnung darauf, daß diese Menschen nicht mehr nur (nach dem Paulus-Wort, auf das sich der Titel bezieht) Gott sehen «wie unser eigenes Gesicht in kupfernem Spiegel, fremd und rätselhaft, dann aber klar und nahe, von Angesicht zu Angesicht» [121].

Zur Betonung dieser inneren Bewegung werden die äußeren Mittel angemessen eingesetzt im Bildrhythmus und in der Musik (Bachs Cello-Suite), auch im Inseldekor als Seelenlandschaft, überzogen jedoch in der Wetter-Metaphorik. Von der Bildsprache her gehört *Wie in einem Spiegel* sicher zu Bergmans gelungenen Filmen – und man muß den Regisseur gegen sich selbst verteidigen, der später gerade in diesem Fall davon spricht, das Filmische sei ziemlich reduziert. Überhaupt ist er nach anfänglicher Euphorie wenig zufrieden mit seinem *Opus I*. Bergman, der als Regisseur oft und vor allem gerühmt wird dafür, Fragen zu stellen, spricht von einem Filmkonzept, das sich aus dem Bedürfnis ergab, einmal Antworten zu formulieren; insbesondere aber ergab es sich aus einer *Art verzweifeltem Drang nach Geborgenheit* [122] heraus, nach Geborgenheit des Künstlers. Wenn David seine Manuskripte verbrennt, muß dies nicht zugleich bedeuten, künftig der Familie näher zu sein als der Kunst? Während der Dreharbeiten bereits kommen Bergman Bedenken: die Blätter brennen – im Drehbuch, nicht mehr im fertigen Film! Und die Suche nach dem Gott namens Liebe – wenn auch sie nur eine Form von Egoismus ist? Bergman spricht von einem *gewollten* und *verlogenen* [123] Film insgesamt, was zu verstehen ist aus seiner Bereitschaft, nunmehr das ganze Ausmaß der Krankheit der dargestellten Wirklichkeit zu zeigen, einer Krankheit, die ihm nicht länger als heilbar erscheint.

Andererseits wirken die Filme Bergmans, die ihren Menschen durch Selbsterkenntnis eine Zukunft geben, also Filme wie *Einen Sommer lang* und *Wie in einem Spiegel* (läßt man den aufgesetzten Schluß unberück-

Bergman mit Ingrid Thulin während der Dreharbeiten
zu «Licht im Winter» (1961/62)

sichtigt) heute vielleicht lebendiger als solche Filme, die Bergman damals als – für sich – ehrlicher empfindet. Seine Haltung wird sich noch einmal ändern: in *Herbstsonate*, der 1978 entsteht, ist wieder der Geist von *Wie in einem Spiegel* zu spüren.

Teil 2 der Trilogie. Nach einem weiteren Paulus-Wort «bleibt ein Dreifaches: Glaube, Hoffnung, Liebe. Drei Gaben aus Gottes Fülle, die Liebe aber ist die größte unter ihnen.»[124] Wenn aber die Vorstellung von Gott als Liebe nur *Theologengerede*[125] ist, was wird aus Glaube und Hoffnung? *Nattvardsgästerna* (*Licht im Winter*) ist Bergmans Antwort auf diese Frage.

An einem trüben Wintertag kommen einige wenige Menschen in einer kleinen Dorfkirche zum Abendmahl zusammen: unter ihnen, neben dem Pfarrer selbst, der Organist, die Lehrerin, ein Fischer und seine schwangere Frau. Aus unterschiedlichen und doch sehr ähnlichen Gründen suchen sie diese Gemeinschaft, in der letztlich jeder allein bleibt: Jonas, der Fischer, und seine Frau suchen Trost in ihrer Furcht vor atomarer Bedrohung; der Organist findet seine Erfüllung in der Feierlichkeit der Zeremonie; die Lehrerin Märta sucht die Nähe zu dem Mann, den sie begehrt; Pfarrer Tomas Ericsson ist anwesend allein aus beruflichem Pflichtgefühl – denn mit seiner Frau verstarb einst auch seine Liebe und damit sein Glaube an Gott. So muß der Seelsorger versagen, als sich ihm die Aufgabe stellt, dem Fischer Mut zuzusprechen in dessen depressiver Angst: Tomas spricht mit ihm über seine eigenen Leiden. Kurz nach diesem Selbst-Gespräch erschießt sich der verzweifelte Jonas. Die letzte Szene zeigt Tomas in der Kirche der Nachbargemeinde: erneut zelebriert er das Ritual der Liturgie – vor einem einzigen Besucher: Märta.

In der Zeit der Vorbereitung zu diesem Film hatte Bergman die einsamen Dorfkirchen in Uppland aufgesucht, den Gottesdiensten beigewohnt und vor Ort *intensiv die geistliche Misere in diesen Kirchen erlebt*[126]. Für die so empfundene Situation der Kirche insgesamt steht die Figur des ungläubigen Pfarrers Tomas. Er hat die Grundlage seiner Berufung verloren, scheitert gegenüber den Aufgaben seines Amtes, ein einsamer

Der ungläubige Tomas und seine Gemeinde: Gunnar Björnstrand in
«Licht im Winter»

Mann, innerlich leer, krank, isoliert von der Gemeinde. Kamera, Dekor und Beleuchtung zeichnen in quälend langen Einstellungen einen Gefangenen auf engstem und eiskaltem Raum; und als würde ihn all dies nicht klein genug machen, wird er kontrastiert zu einer Naturkraft, zu der altjüngferlichen Lehrerin mit dem an Stigmatisation erinnernden Ausschlag an Händen und Stirn. Für Tomas ist Märta so abstoßend wie es körperliche Leiden nur sein können angesichts gewichtigerer Qualen wie der Glaubenszweifel. Während er sich in Selbstmitleid ergeht, gibt sie nicht auf in ihrem sinnlosen Bemühen, seine Liebe zu erzwingen.

Kritiker sind sich weitgehend einig in der Beurteilung des Films als eines reifen Werkes. Gewürdigt wird insbesondere die Askese der Bildsprache, die dem kargen Innern einer alten protestantischen Dorfkirche entspreche, von einem protestantischen Film par excellence gar ist die Rede, auch abfällig von einem «christlichen Durchhaltefilm»[127]. Protestantisch? In dieser konsequenten Abrechnung mit Vater und Gott, Kirche und Religion bleibt kaum ein Rest für die Inanspruchnahme durch irgendeine Glaubensrichtung; auch die behauptete Nähe zum christlichen Existentialismus Kierkegaards findet sich allenfalls in den Fragen, nicht aber in der Antwort. Aus der Hoffnungslosigkeit dadurch, «daß selbst die letzte Hoffnung, der Tod, nicht mehr besteht»[128], bricht bei Bergman kein «Quell des Glaubens»[129] hervor. Er zeigt die «Verzweiflung des Trotzes», nicht aber wie Kierkegaard ihre Überwindung «in Richtung auf das Religiöse»[130].

Heilig, heilig, heilig ist der allmächtige Gott. Alles ist erfüllt von seiner Herrlichkeit[131], sind die Schlußworte des Pfarrers in einem Film, der den Glauben so zeigt, wie er nach Bergman werden muß, wenn die Menschen ohne Liebe sind: zum Ritual. Und die Hoffnung? Allein der deutsche Verleih suggeriert sie durch den irreführenden Titel *Licht im Winter*.

Erst nach Fertigstellung von *Tystnaden* (*Das Schweigen*) spricht Bergman von einer Trilogie und erläutert ihren inneren Zusammenhang. Die drei Filme stellen eine *Reduktion* dar: *Wie in einem Spiegel: Glauben als Gewißheit. Licht im Winter: Die erschütterte Gewißheit...*[132] Tomas litt noch unter dem Schweigen Gottes. Was den kleinen Rest seines Glaubenwollens erschüttern konnte, war allein die Bestätigung der Worte Märtas: *Gottes Schweigen! Gott spricht nicht. Gott hat nie gesprochen – weil er gar nicht existiert.*[133] Was bliebe danach als dritte Stufe der Reduktion? Bergman: *Das Schweigen Gottes. Die negative Ausprägung*[134]. Dieser Bezug zu Gott erscheint jedoch nicht mehr folgerichtig. Auf der Ebene der Filmhandlung selbst fehlt auch eine Verbindung zu Glaubensfragen; die Menschen sind in *Das Schweigen* ganz auf sich bezogen. Der religiösen Interpretation und Spekulation sind damit aber keine Grenzen gesetzt; und nicht zuletzt auf Grund Bergmans eigener Benennung wäre der Film Anfang der sechziger Jahre fest in den Händen theologischer Exegeten gewesen (Motto: «...ausschließlich ein religiöses Drama... eine andere

Ingrid Thulin in «Das Schweigen» (1962)

Auslegung ist kaum zulässig»[135]), wenn sich nicht auch andere Personen und Institutionen mit einem nie gekannten Eifer um seine Vereinnahmung bemüht hätten: die Psychologen, Soziologen, die Vorkämpfer des Sexfilms wie die Moralapostel und Zensoren.

Auf ihrer Heimreise vom Urlaub werden Ester, ihre Schwester Anna und deren zehnjähriger Sohn Johan durch einen Anfall der lungenkranken Ester in einer fremden Stadt aufgehalten. Unter Menschen, deren Sprache sie nicht verstehen, erleben die beiden Schwestern eine Zeit der Einsamkeit: Ester von Todesangst gequält in ihrem Hotelzimmer, Anna auf ihrer hektischen Suche nach einer Liebesbeziehung in der Stadt. So fremd wie in dieser Umgebung sind sich die Schwestern selbst geworden; Anna reist mit Johan weiter und läßt die sterbende Ester allein zurück.

Das Schweigen zeigt Menschen, die sich untereinander nicht verständigen können – der eine versteht nicht die Gefühle, nicht einmal die Worte des anderen. Märta – im Film zuvor – fiel es schwer, mit Tomas zu sprechen; sie versuchte die Störung der Kommunikation auszugleichen, indem sie ihm seitenlange Briefe schrieb. Die Sprache der Stadt Timoka bleibt auch für die Übersetzerin Ester bis auf wenige Wörter unverständlich. Im ersten Teil der Trilogie nannte David sogar den Inzest Ausdruck der göttlichen Liebe; im dritten Teil existiert selbst diese Liebe nur als Erinnerung – in haßerfüllten Gesprächen. Getrennt voneinander suchen die Schwestern ihre Sehnsucht nach Liebe zu stillen. Daß auch im sexuellen Bereich keine Befriedigung zu erreichen ist, versucht Bergman sehr angestrengt in den berühmt gewordenen Szenen sexueller Handlungen darzustellen.

Wie Ostseeinsel und entlegene Pfarrei sind die Zimmer des Gründerzeit-Hotels realer und zugleich abstrahierter Ausdruck für die Isolation des einzelnen. Stärker als in den beiden vorangegangenen Filmen verdichtet Bergman einen Seelenzustand mit bildhaften Mitteln, das heißt mit Hilfe einer stilisierten Sprache der Bedeutungen, die über den unmittelbaren Gehalt des Dargestellten hinausweisen sollen. So ist die eine der Schwestern nicht nur eine Intellektuelle, sondern sie steht – sehr schematisiert – für den Geist wie die andere für die Körperlichkeit. Der Junge, die Kellner, die Zwerge und eine geheime Botschaft am Schluß des Films sind weitere Teile in Bergmans kleinem Welttheater, das viel Raum läßt für Deutungen je nach Interessenlage, so daß «die Welt zur Hölle wird, wenn Gott schweigt», oder der alte Kellner sogar Gottvater sein darf, wie Siegfried Lenz meinte.[136]

Unabhängig von solchen gewollten oder ungewollten Bedeutungsebenen läßt die Komposition des Films – mit deutlicher Dominanz des Bildes – eine Atmosphäre von suggestiver Wirkung entstehen. Bergman setzt alle Mittel ein, um den Zuschauer Existenzangst spüren zu lassen: auch dieser versteht die Sprache der Menschen nicht, die die Hauptfiguren umgeben, er muß eine sterbende Frau erleben, und mit der Kamera bewegt er sich langsam in Zimmern und Fluren, die samt ihrem Inventar (Spiegel, Bilder, Türen, Fenster) das Gefühl des Getrenntwerdens und Eingeschlossenseins vermitteln.

Sei es – um an Bergmans religiösen Ausgangspunkt zu Beginn der Trilogie anzuknüpfen –, daß die Menschen in *Das Schweigen* in ihrer unbeirrbaren Erwartung, Gott würde ihnen s e i n e Liebe geben oder zumindest mit ihnen sprechen, es verlernt haben, sich untereinander zu begegnen: was bliebe ihnen anderes, als Kommunikation neu zu lernen? Diese – erneut weltliche – Möglichkeit deutet Bergman immerhin an – nicht gerade in einer Gegenbewegung zur beherrschenden Atmosphäre des Verlorenseins, in Hoffnungsschimmern aber: n o c h wissen seine Figuren offenbar, was Liebe ist, sie trauern ihr nach und sehnen sich nach ihr. Und in der Verlorenheit der endlosen Flure beginnt Johan sich ein wenig zurechtzufinden, allein auf Grund seiner natürlichen Neugier. Er versteht die Sprache der Trauer wie die des Spiels; er lernt erste Worte der fremden Sprache von Ester, die vorsichtig versucht hatte, ihn zu streicheln: *das Gesicht* und *die Hand*.

Wenn Ester in ihrer Todeseuphorie sinniert: *... man muß sich vorsichtig zwischen Gespenstern und Erinnerungen bewegen*[137], läßt dies an Tomas denken, der davon sprach, *daß wir die einzige Voraussetzung, unter den Menschen leben zu können, aufgegeben haben, nämlich miteinander*

Ingrid Thulin und Gunnel Lindblom in «Das Schweigen»

zu leben[138]. Diese Äußerungen weisen hin auf die Grenzsituation der Figuren, auf den *Zusammenbruch einer Ideologie*[139] wie auf das Verlangen nach einer neuen Lebensweise. Tomas' Erkenntnis, daß kein Schöpfer sei, der alles ordnend zusammenhält, nimmt dem Fischer Jonas den letzten – alten – Lebensmut, Tomas und Ester gibt sie (noch) nicht genug – neuen – Lebensmut. Ester immerhin kann die Hoffnung auf Sinngebung durch den m e n s c h l i c h e n Geist[140] weitergeben. Bergman über seinen einfachen – im Film allzu verschlüsselten – Grundgedanken des Werks *Das Schweigen*: *Ich kann mich erinnern, daß ich etwas aufschrieb, was mich sehr zufrieden machte... ich schrieb, daß das Leben nur die Bedeutung hat, die man ihm selber zumißt. Das ist an und für sich nichts Besonderes, aber für mich war das eine große Entdeckung.*[141]

Ein Wort wird im Film immer wieder genannt, das einzige, das offenbar alle verstehen: Bach. Die Erwähnung dieses Namens hat neben ihrer Bedeutung im Film auch eine Bedeutung im Hinblick auf Bergmans damaliges Verständnis von Filmmusik und vor allem auf sein Verständnis von der Ausdrucksmöglichkeit des Films im Vergleich mit der Musik. 1959 hatte Bergman die renommierte Pianistin Käbi Laretei geheiratet. Ihr verdanke er, so Biograph Peter Cowie, neben einem tieferen Verständnis für Musik (Bartók und Strawinsky insbesondere) «das Streben nach einem noch asketischeren, noch disziplinierteren, noch ‹musikalischeren› Kino»[142]. Als Pianistin vor und hinter der Kamera hat sie darüber hinaus direkten Anteil an zahlreichen Bergman-Filmen; und *Herbstsonate* wird auch ein Film ü b e r Käbi Laretei.

Ingmar Bergman entdeckt für sich als Filmregisseur etwas Neues: da der Film wie die Musik ein Mittel sei, *das an dem Verstand des Menschen vorbeigeht und sein Gefühlszentrum berührt*, so müßte der Film das leisten, was bisher immer nur eine Aufgabe der Musik gewesen sei. Film als Kunstform *sollte seelische Zustände vermitteln und nicht nur Bilder einer äußeren Bewegung zeigen.* Im Bewußtsein der Konkurrenz zur Musik billigt er dieser als Filmmusik keine Eigenständigkeit mehr zu: *beschreibt* die Bildsprache eine besondere seelische Situation, so hat die Musik eine solche Situation lediglich zu *verstärken*.[143] In eben dem Sinne verwendet er Kompositionen von Bach im ersten und dritten Teil der Trilogie, Kirchenmusik im zweiten Teil. Denn *Kammermusik* komponiert der Filmregisseur jetzt selbst – so nämlich nennt er die Filme der Trilogie.[144]

Die Schwierigkeit, sich in der für ihn neu gesehenen Sprache des Films als Vermittlung seelischer Zustände auszudrücken, zeigt wiederum gerade *Das Schweigen*: eine Schwierigkeit, die zu einem der folgenschwersten Mißverständnisse in der Geschichte des Films geführt hat. Liebe also sollte als bloße Sexualität und auch diese als leer erscheinen. Wie konnte Bergman solche Reduktion vermitteln? Erotik war schon im Stummfilm in mancherlei Raffinessen darstellbar. Sexualität positiv gesehen inzwischen vielleicht auch – aber negativ? Bergman versuchte, entleerte Sexualität als Instinkthaftigkeit auszudrücken. Eine solche Herrschaft des Körpers über den Geist ließ sich wohl am ehesten durch Betonung körperlicher Funktionsweisen sexueller Handlungen gestalten. Nun sind diese Funktionen, so biologistisch sie erscheinen sollten, unabhängig von Zeiten und Normen Grundlage sexueller Befriedigung – und als solche werden sie von Publikum und Zensurbehörden richtig verstanden, falsch allein im Sinne des Künstlers. Weil Bergman in der Übertragung von Konkretem in seine Lebens-Parabel künstlerisch versagt, bleibt von dem beabsichtigten Begriff von uneigentlicher Liebe nur eine sehr reale Form von Sexualität, die wie aus einem sexualfeindlichen Blickwinkel betrachtet wirkt. Verstärkt wird dieser Eindruck der Sexualfeindlichkeit durch einen zweiten künstlerischen Fehler: Anna und Ester erscheinen nicht deutlich genug (wie die Personen in späteren Filmen) als Menschen in einer schwierigen, entfremdeten Lebenssituation, sondern selbst als schwierige Menschen des r e a l e n Lebens, die der herrschenden Moral nach als anomal empfunden werden müssen – Ester als lesbisch und inzestuös, Anna als animalisch und nymphoman. In einem Maße wie nie zuvor erscheint Sexualität auf der Leinwand und vermag in einem auf Lustfeindlichkeit beruhenden Moralsystem lediglich frauenfeindliche Rollenklischees und Vorurteile gegen Minderheiten zu bestätigen. Unter diesem

Der Militärtransport wird in Szene gesetzt. Bergman und Jörgen Lindström während der Dreharbeiten zu «Das Schweigen»

Aspekt läßt sich eine eigene Wirkungsgeschichte von *Das Schweigen* sehr deutlich in der BRD verfolgen.[145]

Eine der Hauptlinien in dieser vielschichtigen Wirkungsgeschichte kann wie folgt beschrieben werden: Ein Film mit Szenen sexuellen Inhalts in bisher nie gezeigter Deutlichkeit erreicht die Kinos der BRD unzensiert[146], und dies deshalb, weil er etikettiert ist als Film von großer religiöser und ästhetischer Bedeutung. Durch einen im Auftrag des Verleihers produzierten Vorfilm soll der Zuschauer von vornherein auf die Bahn des religiösen Verständnisses gelenkt werden.[147] Heerscharen von Feuilletonjournalisten machen sich daran, die gezeigte Sexualität zu denunzieren als «geradezu viehisch», als «Grauen und Geißel», «Paarung als Höllensturz der Verdammten»[148], um all jene Vertreter christlicher Moral, die angesichts so schamloser Freizügigkeit ein Verbot des Films verlangen, davon zu überzeugen, daß Sexualität gezeigt werden dürfe, wenn sie auf diese Art erscheint. Muß den Kirchen denn nicht ein Film recht sein, der doch zeige, daß «die Sinnlosigkeit solchen Lebens, der Ekel vor diesem unwürdigen Dasein Gott fordern»[149]?

Ein Massenpublikum drängt zum Film, weil er sexuelle Tabus brechen soll und wegen seines religiösen Anspruchs sogar ohne schlechtes Gewissen betrachtet werden darf. Allein 1964 sehen elf Millionen Kinogänger

Das Schweigen. Die Mehrheit von ihnen wird frustriert: ratlos stehen viele den – behaupteten – tieferen Bedeutungen gegenüber, und die besagten Szenen wirken auf sie so lustfeindlich, wie sie gemeint waren. Was im Zuschauer – wie beabsichtigt – entstehen muß, ist ein Gefühl der Beklommenheit und Angst, das jedoch weniger betroffen macht als Aggressionen schafft.

Zwar schlägt dieser Film eine Bresche für die freizügigere Darstellung der Sexualität auf der Leinwand, in diese drängen aber schnell die «Sexfilme», die so wenig wie *Das Schweigen* auf Grund ihrer latenten Sexualfeindlichkeit einer Liberalisierung der Moralvorstellungen den Weg bahnen.

Das unbestreitbare Verdienst dieses Films war, daß er mehr als von der Philosophie seines Autors vom geistigen und moralischen Zustand einer Gesellschaft enthüllte, in der er gezeigt wurde. Bergmans Vorhaben, eine *Bilderzählung* zu gestalten, die das Gefühl bewegt, war tatsächlich gelungen – nur anders, als er es sich vorgestellt hatte: er erhält Morddrohungen und erlebt eine Zeit des Brief- und Telefonterrors. Als Ester ganz andächtig Bach-Musik im Radio hört, kommt Anna und schaltet das Gerät aus. Solche Kulturfeindlichkeit, die Annas Verhalten bestimmt, sieht Bergman in seinem Publikum wirksam, wenn er verärgert feststellt: *Worum es im Film eigentlich ging, das ging wie gewöhnlich verloren.*[150] Das, was vom Film nicht verlorenging, verhilft dem Regisseur und seinem Produzenten immerhin zu beträchtlichem Reichtum.

Das Schweigen der Menschen

Ingmar Bergman gehört zur Gruppe derjenigen Filmregisseure, die in ihrer Tätigkeit Laienspiel und Improvisation wenig Bedeutung zumessen. Exakte Vorbereitung und Professionalität auf allen Ebenen der Filmgestaltung kennzeichnen seine Arbeitsweise. Seit Beginn seiner Regietätigkeit ist er bestrebt, sich im Gesamtbereich der Filmtechnik, von der Architektur bis zur Montage, fachkundig zu machen – und dies nicht zuletzt auf Grund seiner Furcht, sich den Experten ausgeliefert fühlen zu müssen.

Von der Bedeutung innerhalb des Instrumentariums künstlerischen Gestaltens steht eines für Bergman allerdings neben den technischen Fertigkeiten, zeitweise gar darüber: die Intuition. *Der Traum, die Vision ... stehen an erster Stelle. Danach habe ich als Künstler das Bedürfnis, das, was intuitiv geboren wurde, bewußt zu gestalten, so bewußt und so schlagkräftig wie möglich.* Schlagkräftig bedeutet, *dem Zuschauer so nahe wie möglich zu kommen und ihn so wirksam wie möglich zu treffen*[151] – ein Ideal, das er zu verwirklichen sucht in eben seiner Art von Filmen, *die man mit den Nerven empfinden kann*[152].

Die Drehbücher seiner Filme schreibt Bergman seit 1948 in der Regel selbst. *Ausgehend von einem besonderen Bild, von einer bestimmten Empfindung, beginnt die Vorstellungskraft ihr Netz zu weben...*; nimmt ein Projekt konkretere Formen an, heißt Drehbuch-Schreiben für Bergman vor allem methodischer Fleiß, denn *durch die Organisation der Arbeit muß man der Inspiration helfen oder sie ersetzen.* Nach bis zu zehn Wochen Schreibtischdisziplin besitzt er eine immer unzureichende Notenschrift zur Übersetzung der Struktur eines Films, *den ich inwendig in meinem streng privaten kleinen Vorführraum sehe*[153].

Der *Weg hinaus aus einer sehr neurotischen Einsamkeit*[154] beginnt mit der Erörterung des Drehbuchs im Filmteam, gefolgt von den Proben mit Darstellern und Technikern. Bergman probt gewöhnlich derart sorgsam, daß er in der Lage ist, die eigentlichen Dreharbeiten so sicher und schnell – in ca. 40 Tagen – auszuführen, wie es der vergleichsweise bescheidene Etat schwedischer Kinoproduktionen erfordert. Auf die Notwendigkeit Material zu sparen führt Bergman auch seinen Hang zurück, *in die Kamera zu schneiden*; wie nebenbei erhält so der Film *schon bei der Aufnahme einen Rhythmus*[155]. Dennoch läßt sich Bergman für die Endmontage viel Zeit, drei bis vier Monate. Er genießt diese Arbeit, assistiert von einem Cutter, sehr, kommt sie doch dem faszinierend nahe, was ihm Film bedeutet: *Der erste Faktor ist das Bild, der zweite der Dialog, und die Spannung zwischen diesen beiden erschafft die dritte Dimension.*[156]

Wie in der Zeit seiner Lehrjahre entstehen Bergmans Drehbücher auch später gelegentlich in Zusammenarbeit mit anderen Autoren: *Häufig aus Zeitnot.*[157] Nach einem Drehbuch von Buntel Eriksson, dem Pseudonym zweier Autoren, Erland Josephson und Bergman, entsteht während der Arbeit an der Trilogie ein Lustspiel in Farbe, *För att inte tala om alla dessa kvinnor (Ach diese Frauen)*, Bergmans erster Farbfilm überhaupt. Dieser Film ist ein Selbstporträt, dem man die Anstrengung, witzig zu wirken, besonders deutlich anmerkt. Im Gewand einer Farce wird vom Leid eines Musikers erzählt, das ihm durch den Kulturbetrieb zugefügt wird. In der kaum verschlüsselten Mitteilung an die Filmkritiker klagt der sich bedrängt fühlende Regisseur, daß die Kritiker zu wenig interessiert seien am künstlerischen Schaffen und zu viel an seinem Privatleben – mit all diesen Frauen. Seine Welt sei die Welt der Frauen, hatte Bergman einst verkündet. In *Ach diese Frauen* ergreift er die Gelegenheit, sich darüber zu beschweren, daß dieses Bekenntnis stets so direkt verstanden werde – was zähle, sei doch allein das Kunstwerk! Die zu mehr Respekt ermahnten Kritiker nehmen – wie geheißen – das Kunstwerk in Augenschein und gelangen zu seltener Einmütigkeit in ihrem ablehnenden Urteil: der Meister habe die Formen zweckentfremdet, um seine Botschaften zu transportieren.

Nach diesem vorläufig letzten Versuch im Bereich der Komödie beschränkt sich Bergmans Filmschaffen bis 1965 auf eine kleine Schmalfilm-

«Ach, diese Frauen» (1963): Programm des westdeutschen Verleihs

dokumentation über Daniel, seinen Sohn aus der Ehe mit Käbi Laretei, gedacht als ein Geschenk zu dessen zweiten Geburtstag. Als *Daniel* wird daraus 1967 ein Beitrag zu dem schwedischen Gemeinschaftsfilm «Stimulantia». Wenn Bergman in einem Zeitraum von fast zwei Jahren lediglich einen Kurzfilm dreht, ist dies ungewöhnlich für den stets rastlosen Filmschöpfer.

Doch wo soll er die Zeit zum Kinomachen hernehmen? In der Nachfolge Victor Sjöströms ist er als künstlerischer Berater für SF tätig (auch als Produktionsleiter hatte er zeitweilig dort gearbeitet); Anfang 1963 wird er gar zum Intendanten von Dramaten ernannt. Von morgens um acht bis nachts um elf arbeitet er im Theater, zehn Monate im Jahr, und so *bleibt nichts mehr für Dämonen und Träume*[158]. In dieser Zeit holen den Künst... wieder Zweifel an der eigenen Existenz ein, und er scheint sich ...üchen, den eigenen wie denen der anderen, dadurch zu verwei-...r ernsthaft und für längere Zeit erkrankt.

...nkenbett aus bedankt er sich für den ihm wegen seiner Verdienste um die europäische Kultur verliehenen Erasmus-Preis: nachdem er sich mit Hilfe des Filmemachens befreit habe, empfinde er die Kunst überhaupt als bedeutungslos; wie die Religion werde sie erhalten allein aus sentimentalen Rücksichtnahmen, Kunst sei wie eine Schlangenhaut, die bewegt werde durch Ameisen in ihr. Sagt es und setzt seine Filmarbeit fort. Warum noch? *Aus niemals befriedigter Neugier. Ich bewege mich mit den anderen Ameisen; wir arbeiten furchtbar schwer.*[159] Aber jetzt auch befreiter, nachdem *der massive religiöse Überbau zusammengekracht*[160] war und damit der eigene Anspruch verschwand, etwas Großes und Bleibendes schaffen zu müssen. Die späteren Filme werden zu erkennen geben, wie sehr ihr Schöpfer dennoch geprägt bleibt durch christliche Denkmuster, Rituale und Metaphorik.

In der Zeit der Genesung, Frühjahr 1965, entsteht das Drehbuch zu dem Film *Persona*; deutlich wie nie zuvor wird dieser Film Ausdruck einer gerade erlebten Krise. Aus einer ersten – flüchtigen – Begegnung mit Liv Ullmann zusammen mit Bibi Andersson, genauer: aus der von Bergman so empfundenen *eigentümlichen Ähnlichkeit* der beiden Schauspielerinnen entsteht die Idee zu *Persona*, einer Geschichte über zwei Leute, *die ihre Identitäten aneinander verlieren*[161].

Die Schauspielerin Elisabeth Vogler leidet an der Erkenntnis, nicht sie selbst sein zu können. Zu dieser Einsicht gelangt sie bei ihrem Auftritt in «Elektra», und fortan verfällt sie in Schweigen. Ohne eigentlich krank zu sein, soll sie auf einer Insel genesen unter der Obhut der Krankenschwester Alma. Die Konfrontation der beiden Frauen zeigt die Tiefe des Leidens und wie es zu ihm kommen konnte: jeder Augenblick des Zusammenseins ist erneute Ursache des Leidens und zugleich ein Stück Erlösung von ihm. Die Haßliebe zwischen einer Mutistin und einer Redseligen läßt sich verstehen als Existenzform des einzelnen mittels Betrachtung und Ansprache durch den anderen, als die vielleicht allein verbleibende Form menschlicher Beziehung durch gegenseitige Inbesitznahme in einem Spiel austauschbarer Rollen: als Schauspieler, Zuschauer, Kranke, Gesunde, Mutter, Frau ohne Mütterlichkeit. Nach erfolgreicher Therapie, so scheint es, kehren beide Frauen zu ihren früheren Tätigkeitsbereichen zurück. Elisabeth, *ein Ungeheuer auf Grund der Leere in ihr... hat sich ein wenig von Alma ernährt, und sie kann weitermachen*[162].

Der Begriff «persona» bezeichnet im antiken Drama die Maske, durch deren Mundöffnung der Schauspieler spricht. Bergmans Spiel um Tausch und Identität der Masken erinnert auch an das Verhältnis von «Persona» und «Anima» in C. G. Jungs Theorie der Individuation: «Persona» ist darin die Maske, in der der einzelne in der Gesellschaft erwartete Rollen erfüllen und seine wahre Natur verbergen kann. «Anima» bzw. «Animus» bezeichnen das kollektive Bild der Frau im Unbewußten des Mannes bzw. das Bild des Mannes im Unbewußten der Frau – Archetypen, die dem jeweiligen – angepaßten – Idealbild, der «Persona»,

ILLUSTRIERTER
film-Kurier
50 Dpf.
Nr. 191

BIBI ANDERSSON
LIV ULLMANN
EIN FILM VON INGMAR BERGMAN

GLORIA

PERSONA

«Persona» (1965): Programm des westdeutschen Verleihs

gegenübertreten. Die Überwindung der vorgetäuschten Individualität wie die der Suggestivgewalt unbewußter Bilder bedeuten entscheidende Schritte auf dem Weg zur Selbst-Findung.[163]

Zuletzt in *Das Schweigen* war Bergman bestrebt, sein Anliegen überwiegend bildlich auszudrücken. Dem Versuch, *ein Gedicht in Bildern zu schreiben*[164], gelten seine Anstrengungen, weil ihm Begriffe wie Entfremdung, Einsamkeit und Leere nicht länger in Worten faßbar erscheinen. Wie Vogler in *Das Gesicht* mit seinem magischen Apparat, so spielt der Meister mit seiner Laterna magica: er versucht sich in der Einführungssequenz in Buñuels Technik des *Initialschocks, um die Aufmerksamkeit der Zuschauer zu erreichen*[165]; er zeigt den Vorgang der Filmprojektion, zaubert zwei Hälften zweier Gesichter zu einem Porträt und läßt seinen Film scheinbar anhalten, so daß der Eindruck entsteht, das Bild verbrenne.

Wohl gerade aus der Not heraus, sich verbal vermitteln zu können, gelangt Bergmans Talent, die Erkundung der Gesichtersprache, in *Persona* erstmals zur vollen Entfaltung. Wenn es dem «Blick» Bergmans gelingt, die Reaktion Elisabeths auf Almas Bericht eines erotischen Erlebnisses als Verwandlung eines Gesichts in eine *wollüstige Maske* wahrzunehmen, ist dies vielleicht das offensichtlichste Beispiel einer «Erweiterung filmischer Ausdrucksmöglichkeit» – wie die amerikanischen Filmkritiker es formulieren, die *Persona* 1967 zum Film des Jahres wählen. Ob sich die Zuschauer auf Grund der Leistungen der beiden Darstellerinnen «mit der dargestellten Seelenqual identifizieren», wie in einer Würdigung des Films behauptet wird[166], muß aber bezweifelt werden – dafür bleibt Bergmans Introspektion zu sperrig, über weite Strecken zu maskiert. Ohne Zweifel demonstriert das exzellente Spiel von Liv Ullmann und Bibi Andersson auf verblüffende Weise, zu welcher Ausdrucksstärke Darsteller unter Bergmans Regie fähig sind.

Wir haben keine Grenzen. Wir verschmelzen ineinander, wenn wir in Kontakt treten. Und wenn wir das nicht tun, sind wir sehr einsam[167] – diese Deutung Bergmans von Kommunikation läßt an das Verhältnis von Elisabeth und Alma denken wie auch an das des Regisseurs zu seinen Schauspielern; diese *fühlen*, sagt er ein andermal, *daß ich ihr «Auge» und ihr «Ohr» bin*[168]. Bergman gehört zu den Regisseuren, für die der Schauspieler Vorrang hat vor allen anderen Gestaltungsmitteln – erklärbar auf Grund seines künstlerischen Anliegens, mehr vom Innern des Menschen sichtbar werden zu lassen. Dieses Grundkonzept erfordert per se weniger den Schauspieler, der die unterschiedlichsten Rollen beherrscht, als vielmehr den, der bereit ist, das persönliche Rollenspiel zu hinterfragen und sich ein Stück weit – vom Magier – demaskieren zu lassen.

Wenn es so erscheint, als könne Bergman mittlerweile wie kaum ein anderer Regisseur ein Optimum aus seinen Schauspielern hervorbringen, ist dies einer Vielzahl aufeinander abgestimmter Faktoren zuzuschreiben: Zu nennen sind die Ensemble-Atmosphäre der Ruhe und der gegenseitigen Sympathie, die hervorragende Kameraarbeit Sven Nykvists und das Gewicht der Großaufnahme sowie Erscheinung, Talent und Technik der Darsteller. Hinzu kommen das überwiegend visuelle Talent Bergmans, die Berücksichtigung einzelner Schauspieler bereits während der Drehbucharbeit und nicht zuletzt die Technik der Inszenierung, die R e g i e s p r a c h e Bergmans, die sich im Umgang mit seinem Team in Jahrzehnten entwickelt hat und auf Grund der allmählichen Verschmelzung von perfektionistischem Handwerk, Intuition, Gefühlshaltung, verbaler und nicht-verbaler Kommunikation schwer rationalisierbar ist. Bergman gilt am Anfang seiner Karriere im Umgang mit seinen Schauspielern als besonders unsicher, reagiert extrem aggressiv, wenn er den Kontakt zu ihnen verliert; auch später kommt es zu solchen Wutanfällen, aber seine Darsteller bescheinigen ihm die Fähigkeit, sie durch aktive Zuneigung und sein instinktives Gespür für ihre Grenzen dahin zu bewegen, mehr aus sich herauszuholen, als sie sich zugestehen wollten.[169] Dies gilt für Schauspielerinnen in verstärktem Maße, da sie weniger reserviert sind als ihre männlichen Kollegen. «Wenn die Kamera so nahe kommt wie manchmal bei Ingmar, zeigt sie nicht nur ein Gesicht, sondern auch, was für ein Leben dieses Gesicht gesehen hat»[170], sagt Liv Ullmann, die als Prototyp der ungeschminkten Schauspielerin zu Star-Ruhm gelangt und mit ihrer Bergman-Methode später im Hollywood der Maskenbildner erwartungsgemäß auf Schwierigkeiten stößt.

Persona wirkt im besonderen Maße wie ein Film, mit dem ein Künstler seine Zweifel an der Kunst oder am eigenen Können dadurch zu überwinden sucht, daß er eben diese Zweifel zum Thema seines Werkes macht. Es ist dies nicht der erste Versuch, und es soll nicht der letzte sein: vier weitere Filme, darunter erneut eine Trilogie, benötigt er, bevor er das Thema nicht gerade wechselt, aber relativiert. Wie in vorangegangenen und folgenden Filmen ist die Künstlerproblematik in *Persona* nur ein Aspekt der von Bergman untersuchten menschlichen Beziehungen. Von den Ergebnissen dieser Untersuchung her läßt sich *Persona* als Bindeglied zwischen den beiden Trilogien sehen, als Nachspiel zur ersten wie als Vorspiel zur zweiten.

Was und wieviel von einer höheren Idee im Zusammenleben der Menschen zu finden sei – so könnte man die Hauptfrage bezeichnen, unter der die erste Trilogie stand. Im Ergebnis führte sie zu einer Bestandsaufnahme gegenwärtiger Gemeinschaft – wobei die dargestellten Situationen innerhalb bürgerlicher Bereiche der Gesellschaft für den Zustand der Gesellschaft überhaupt standen. Bergmans zweite Trilogie kann insofern als Fortsetzung der ersten betrachtet werden, als er zunächst deren negative Ergebnisse zugrunde legt und seine Untersuchung auf die Frage konzentriert, was uns eigentlich hindert an Beziehungen, die human zu nennen wären.

Den Egoismus kann der einzelne überwinden, wenn er nur will, hoffte Bergman noch in *Wilde Erdbeeren*. Wie stark jedoch dieser Egoismus und andere innere und äußere Mächte sind, das wird in den drei folgenden Filmen vorgeführt. Unmittelbarer Untersuchungsgegenstand ist das Verhältnis zweier Menschen; seit *Das Schweigen* fühlt sich Bergman in der Beobachtung dieser Form des Zusammenlebens offenbar am sichersten. Die Spiegelung des einen im anderen scheint deutlichen Einblick in eine Persönlichkeitsstruktur vor allem dann zu gewähren, wenn die Beziehung zur anderen Person intensiv ist: intensiv zwischen den Polen Liebe und Haß, Alltag und Ausnahmezustand, zwischen normgerechtem Verhalten und Wahnsinn. In diesem Spannungsfeld erscheint die von Bergman so gesehene Grundsituation menschlichen Daseins in Variationen: die nicht aufhebbare Einsamkeit des einzelnen. Weit über die Trilogie hinaus wird ihn diese Perspektive interessieren, bevor er auf die Be-

Max von Sydow und Mikael Rundquist in «Die Stunde des Wolfs» (1966)

trachtung der Einzelfigur bzw. der Gruppe als Gemeinschaft isolierter einzelner zurückkommt – freilich aus einer eher versöhnlichen Haltung heraus.

Vargtimmen (*Die Stunde des Wolfs*), *Skammen* (*Schande*) und *En passion* (*Passion*), die 1966 bis 1968 entstandenen Filme der zweiten Trilogie, haben neben Grundthematik und Untersuchungsmethode manche Gemeinsamkeit: ein Mann und eine Frau haben Zuflucht gesucht auf einer einsamen Insel. Der Mann ist Künstler. Die beiden suchen Schutz vor Bedrohung und sehnen sich nach Harmonie. Unheil bricht herein – ganz plötzlich in einem der Filme; nicht unerwartet im anderen. In einem dritten Fall bedarf es keinerlei Bedrohung von außen: die Fliehenden waren dem Unheil nie entkommen. Darsteller des Paars sind Max von Sydow und Liv Ullmann; Drehort ist stets Fårö.

In *Die Stunde des Wolfs* erfolgt die Bedrohung nur scheinbar von außen. Alma erzählt von der Zeit mit dem Maler Johan Borg auf einer Insel. Vielleicht hätten sie dort glücklich miteinander leben können, wären nicht die seltsamen Gestalten, die Schloßbewohner, gewesen, die ihren Gefährten verfolgten und ihn zwangen, Verbrechen zu begehen; so hatte

Johan einen Jungen getötet, weil dieser ihn gebissen hatte; auch auf Alma hatte er einen Anschlag verübt. Eines Tages stürzten sich die Vampire auf ihn – das war sein Ende. *Die Stunde des Wolfs... ist die Stunde, in der die Schlaflosen von ihren Ängsten verfolgt werden und in der Geister und Dämonen uns beherrschen.*[171] Des Nachts erwacht, darin dem Geschehen in *Wie in einem Spiegel* sehr ähnlich, ein anderes Leben.

Für Karin, dem pathologischen Fall, wurde das zweite Leben so real wie das erste. Auch Johan kann in seinem Leben nicht mehr unterscheiden zwischen den Wirklichkeiten. Alma versucht an Hand der eigenen Erinnerung sowie der Tagebuchaufzeichnungen Johans zu rekonstruieren, wie es zur Trennung kam. Doch am Schluß ihrer Erzählung ist sie nicht mehr sicher, was sie selbst – wirklich – erlebt hat. Diese Unsicherheit den Möglichkeiten der Wahrnehmung gegenüber soll sich auf den Zuschauer übertragen. Almas Mittel, Realität zu erfassen, erscheinen als unzureichend; sogar der Aufnahmeapparat des Films (gelegentlich gibt er sich als solcher zu erkennen) vermag nicht viel mehr zu leisten.

Bevor Bergman seine Möglichkeiten demonstriert, den Zuschauer zu «hypnotisieren», ihn in andere Welten führen zu können, Tote zu Leben zu erwecken mit den schönen wie schaurigen Mitteln des Horrorgenres und der Oper, weist er verfremdend auf den Vorgang des Filmens hin – wie er das ähnlich bereits in *Persona* getan hatte. Überhaupt haben beide Filme vieles gemeinsam, da beide aus derselben Quelle schöpfen, nämlich einem nie verwirklichten Projekt namens *Menschenfresser*. So finden wir in beiden Motive der Romantik, Edgar Allan Poes und E. T. A. Hoffmanns vor allem. Seine Verbundenheit mit Hoffmann bringt Bergman in *Die Stunde des Wolfs* in der Auffassung von der gegenseitigen Durchdringung von Kunst und Leben zum Ausdruck, auch im Muster der Rahmenhandlung und in der Namensgebung.

Als Teil einer solchen Rahmenerzählung entspricht die Brechung der Perspektive sehr wohl der Struktur des Films als Reihung verschiedener Mitteilungsebenen, in denen Realität erinnert, geträumt oder erfunden wird, dem anderen freilich nicht mitgeteilt werden kann: die Personen reden viel, jedoch niemals miteinander. Ein solches Verfahren mußte seinerzeit aufgesetzt erscheinen als Beitrag zur gerade in Mode gekommenen Reflexion im Medium über das Medium und seiner Fähigkeit, der Lüge wie der Wahrheit zu dienen. Wohl am überzeugendsten erprobte Godard neue Ausdrucksmöglichkeiten der Kinosprache. In seinem Film «Masculin-Féminin» hatte er – einst Bewunderer Bergmans – eine *Das Schweigen* nachempfundene Kinoszene bewußt in Gegensatz gebracht zu seiner soziologischen Methode der «präzisen Ereignisse». *Der Spiegel ist zerschlagen, was reflektieren die Scherben*[172] – nach diesem Motto Johan Borgs ist auch Bergman der auktoriale Überblick über die Existenzformen der Individuen und der sie umgebenden Wirklichkeiten verlorengegangen, und er versteht Film als eine Sammlung von Fragmenten. Doch

Liv Ullmann und Max von Sydow in «Die Schande» (1967)

bald nach solchen Experimenten der Filmreflexion (in *Passion* kommentieren die Schauspieler gar ihre Rollen) soll Bergman sich wieder treu werden und zu eher traditionellen Erzählhaltungen zurückkehren.

In *Schande* erfolgt die Bedrohung zunächst von außen. Das Paar auf der Insel, Musiker diesmal (in einem Film ohne Musik!), wird plötzlich mit Kriegshandlungen konfrontiert. Nach einer Reihe von Demütigungen, die beide in dieser veränderten Situation über sich ergehen lassen müssen, geraten sie in einen Zustand, der aus Opfern Täter macht. Nach dem Zusammenbruch des wohlgeordneten Daseins wird aus dem sensiblen und wehleidigen Künstler Jan Rosenberg ein feiger Opportunist: wenn er zuletzt einen Deserteur erschießt, weil er dessen Stiefel gebrauchen kann, hat er im Kampf ums Überleben die restlichen Hemmungen seines Gewissens überwunden.

Dieser Antiheld gibt mit seinem Verhalten Antwort auf Bergmans Frage nach dem eigenen Verhalten unter der Bedingung eines von Nazis besetzten Schweden: *Wieviel Zivilcourage hätte ich gegenüber physischer und psychischer Gewalt aufbringen können?*[173] Bergman gesteht sich ein, so schwach zu sein wie seine Filmfigur. Wie das Beispiel Rosenberg zeigen soll, sind für Bergman jene Menschen, die ohne jeglichen Glauben sind, religiöser oder politischer Art, völlig schutzlos ihrer Feigheit ausgeliefert, *all dem, was Strindberg «die Mächte» nennt*[174].

Aus Rosenbergs vermeintlich neutraler Haltung heraus erscheint im Film Krieg so, als würde er weder Feind noch Freund kennen und als überfiele er die Insel wie ein Fluch. Diese Sichtweise vom Krieg als einer anonymen Macht soll sich auch der Zuschauer zu eigen machen, denn Bergman gibt seinem fiktiven Krieg den Anschein von Allgemeingültigkeit, indem er ihm historisch-dokumentarische Züge verleiht. So sind die Stimmen von Hitler, Lyndon B. Johnson, Ulbricht zu hören; und manche Szenen wirken wie die Bilder realer Kriegsberichterstattung, Bilder, wie sie der Zuschauer im Fernsehen betrachten kann, und zwar täglich im Jahr der Uraufführung des Films: 1968. In jener Zeit aber und durch die um Authentizität bemühte Form konnte diese Variante der vielen Schreckensvisionen des Künstlers Bergman nur zu leicht verstanden werden als politische Stellungnahme zu gegenwärtigen Ereignissen. Die Thesen solcher Stellungnahme – Krieg als unvermeidbares Schicksal einerseits, latente Kriegsbereitschaft bei allen Menschen andererseits – mußten zwangsläufig auf Widerspruch stoßen. Immer mehr Menschen engagierten sich gegen die imperialistische Politik der beiden Supermächte und konnten die Unterdrückung eines Volkes (ČSSR) oder gar den geplanten Völkermord (Vietnam) so wenig als gottgewollt wie den Widerstand dagegen als zwecklos betrachten. In der Gegenwart mag die Darstellung eines totalen Krieges anders gesehen werden, da das Wettrüsten der Supermächte einen atomaren Holocaust zu einer realistischen Vorstellung hat werden lassen.

Nur selten hat Bergman in seinen Filmen unmittelbare Bezüge zu weltpolitischen Ereignissen hergestellt – vor *Schande* in *Menschenjagd* und später in *Das Schlangenei*. Jedesmal sollte sich zeigen, daß ihm dies nicht ohne Mißverständlichkeit der Aussage gelingt, weniger auf Grund seiner politischen Überzeugung (die ist ohnehin Grundlage all seiner Filme) als vielmehr wegen seines – um es positiv zu sagen – großen Talents für die Gestaltung des Nah-Bereichs. In jenen Jahren der deutlichen Politisierung auch des Films läßt Bergman Krieg in die Privatsphäre dringen und verläßt damit seinen eigentlichen Bereich, ohne es zu wollen. Im übrigen ist Bergman zur Zeit der Entstehung von *Schande* davon überzeugt, daß Kunst dort, wo sie *Ansporn zu politischem Handeln* sein will, *ihre Rolle total ausgespielt hat* – heute, da *die Wirklichkeit den Künstlern und ihren politischen Visionen die ganze Zeit davonläuft.*[175] Eine Spielart seines Themas Identitätsverlust soll *Schande* daher sein – kein Kriegsfilm.

Als eine dritte Variante dieser Thematik – in Farbe – folgt der Film *Passion*. Wieder ist die Insel Zufluchtsort eines Paares; diesmal flieht es vor der eigenen Vergangenheit. Anna hat Mann und Kind bei einem Unfall verloren, sie trauert um ein verlorenes Glück, obgleich ihre Ehe eine

Hölle war. Auch der Schriftsteller Andreas hat eine gescheiterte Ehe hinter sich. Beide haben die Hoffnung auf gutes Zusammenleben nicht aufgegeben – doch der Versuch des gemeinsamen Neuanfangs zweier Einsamer scheitert bald –, die Vergangenheit hält die Gegenwart fest im Griff. Der Lynchmord von Inselbewohnern an einem Tierquäler wirkt wie ein Signal: Andreas will Anna ermorden; der Versuch scheitert ebenso wie das Vorhaben Annas, gemeinsam mit Andreas im Auto zu sterben. Der in *Schande* dargestellte Krieg *manifestierte sich – jetzt, für mich – im gleichen Milieu auf eine mehr unterschwellige Weise*[176].

Ob die Unmenschlichkeit unter der Oberfläche zivilisierten Verhaltens die Einsamkeit verursacht oder ihre Folge ist, wird in *Passion* nicht näher untersucht. Dies spielt auch keine Rolle für Bergman, der das Erscheinungsbild von Lebenszuständen vorführt, die einmal mehr zu erkennen geben sollen, daß menschliches Miteinander unmöglich ist – in seiner kleinsten Form so wenig wie in irgendeiner Form.

Die Filme dieser Trilogie sind wie *Persona* durch Bergmans damalige pessimistische Auffassung von den Möglichkeiten der Kunst und somit vom Sinn seiner eigenen Tätigkeit geprägt. Besonders deutlich wird dies im letzten Teil der Trilogie. Die verzweifelten Figuren auf der Leinwand kommen dem Betrachter nicht annähernd so nahe, wie es der ebenfalls verzweifelte Tomas in *Licht im Winter* vermochte. Die Abnahme des Publikumsinteresses an den Insel-Dramen Bergmans zeigt sich an der Zahl der Zuschauer, die der letzte Trilogie-Film in schwedischen Kinos erreicht: ein Drittel nur der Zahl derer, die *Schande* sahen.[177] In der BRD findet *Passion* keinen Kinoverleih.

Zum Sehenswerten der Filme gehören – wie so oft bei Bergman – die darstellerischen Leistungen. Max von Sydow, einem der überzeugendsten Schauspieler im Bergman-Team in Haupt- und Nebenrollen, bot die Trilogie eine Gelegenheit, die Vielfalt seines Könnens zu demonstrieren. Und Liv Ullmann war mit Bergman dem Regisseur begegnet, der – wie sie es formuliert – «mich Gedanken und Gefühle ausdrücken ließ, die vorher kein anderer in mir erkannt hatte»[178]. Sie selbst war die Inselbewohnerin an der Seite eines Künstlers geworden, die sie in der Trilogie zu spielen hatte; im realen Leben war dieser Künstler Filmregisseur.

Die Romanze hatte während der Arbeiten zu *Persona* auf Fårö begonnen. Bergman, den es seit Jahren immer wieder auf die Insel gezogen hatte, um im Leben mit dem Meer *die eigene Bedeutung oder den Mangel an Bedeutung klar vor Augen geführt zu bekommen*[179], baut auf einem großen Stück Fåröer Ödland für sich und Liv Ullmann (und ihre gemeinsame Tochter Linn) ein Haus – und bald eine hohe Steinmauer darum. Das wenige, das über das Leben des Paares dahinter an die Öffentlichkeit dringt, ist damals häufig Gegenstand der Sensationspresse. Von Ereignissen, wie sie Liv Ullmann nach Beendigung der fünfjährigen Freundschaft in ihrer Autobiographie beschreibt, von Wutanfällen oder der maßlosen Eifersucht des Einsamen, der außerhalb dieser Partnerschaft nichts existieren läßt, sollte die Öffentlichkeit stets brandaktuell informiert werden – durchs Schlüsselloch betrachtet. Dabei öffnete Bergman weit die Türen: er drehte seine Inselfilme – und dies deutlicher vielleicht als je zuvor nach dem Motto Flauberts, das er sich zu eigen gemacht hatte: Madame Bovary, ce moi!

Der Künstler zwischen den *Nichtsen* und Hollywood

Beredtes Zeugnis der Sicht Bergmans von der Krise der Kunst und die aggressivste Variante der Künstler-Bürger-Thematik ist seine erste Fernsehspiel-Produktion: *Riten* (*Der Ritus*) entsteht 1968, zwischen *Schande* und *Passion*.

Wegen des Vorwurfs obszöner Darbietungen müssen sich die Mitglieder einer Varietégruppe (zwei Männer und eine Frau) vor einem Richter verantworten. Wie bereits in *Das Gesicht* wird die Frage nach dem, was der Kunst – in der Gesellschaft – an Aussagen erlaubt sei, Anlaß für die Begegnung der Antipoden Künstler und Bürger, die in einen Wettstreit der Fähigkeit treten. Vergleichbar mit *Das Gesicht* ist auch die Differenzierung der Künstlerseite – von Bergman verstanden als ein in Haßliebe verbundenes Konglomerat aus rein instinktivem Verhalten (die Frau), kreativer Kraft sowie einfachem Organisationstalent. Isoliert voneinander könnte niemand von ihnen als Künstler existieren; im Miteinander scheinen sie immerhin dem Vertreter des bürgerlichen Rechtsbewußtseins überlegen zu sein: als sie dem Richter die inkriminierte Nummer *Riten*, eine Art Potenzkult-Pantomime, vorführen, versagt diesem das Herz. Doch die Lebensstärke der Sieger ist nicht mehr gewesen als ein Zauberstückchen: *Es ist alles wahr und unwahr, Spiel ist alles...*[180] *Les Riens*, die Nichtse, wie sich die Künstler nennen, wollen auseinandergehen.

Gegenüber den Anstrengungen, die die Arbeit für das Kino erfordert, empfindet Bergman die Fernseharbeit als Erleichterung. Der technische Apparat des Fernsehens mindert die Drehzeit für einen Film erheblich, und die Dramaturgie des Fernsehfilms ist gegenüber der des Kinofilms in der Regel weniger komplex. Schon die Größe der Projektionsfläche des Fernsehens bedingt die Vorherrschaft von Nahaufnahme und Dialog, und diese wiederum ermöglicht einfache Montagetechnik, wenig aufwendige Bildkomposition, Dekoration und ähnliches; andererseits stellt sie hohe Anforderungen an die Ausdrucksfähigkeit der Darsteller. Daß unter diesen Aspekten die Eigenheiten von Fernseh-Ästhetik und Bergmans Filmmethode in Wesenszügen übereinstimmen, dafür waren die Arbeiten seit *Wie in einem Spiegel* deutlicher Beleg; *Der Ritus* ist das beste Beispiel dafür.

Das maskierte Künstlertrio in «Der Ritus» (1968)

Ein Mangel an Übereinstimmung zeigt sich hingegen, berücksichtigt
der Vergleich der Medien ihre jeweiligen Zuschauer. Bergman konnte
sich stets des Interesses einer übersichtlichen Anzahl von Kinozuschauern gewiß sein. Das Rituelle, von dem der Titel seines Fernsehfilms
spricht, erklärt Bergman als *das Spiel zwischen dem Künstler und seinem
Publikum und der Gesellschaft*, als *beiderseitige Mischung von Demütigung und gemeinsamem Bedürfnis*[181]. Andererseits stellt Bergman gerade
dieses Bedürfnis seitens der Öffentlichkeit in Frage: Nachdem der aufge-
klärte Künstler die Motivation, Gott zu gefallen, verloren hatte, blieb
ihm, einem zahlenden Publikum Vergnügen zu bereiten. Verliert er, zwischen gnadenlosem Marktgesetz und wohlwollender Staatsförderung,
den Kontakt zu diesem Publikum, ist er in seinem Schaffen allein auf sich
bezogen. Bereits 1954, in dem Vortrag *Filmemachen*, hatte Bergman von
solcher Isolation als größtem Fluch des Künstlers gesprochen. In einer
Reihe von Filmen wird er die Tendenz zur Auflösung des – zuletzt nur
parasitären – Ichs als Folge dieser Isolation gestalten: Auflösung als
Sehnsucht noch in *Abend der Gaukler*, als ständige Gefährdung in *Das
Gesicht* und *Persona*, als Vollzug schließlich in *Die Stunde des Wolfs* und
Der Ritus. Und in der Tat kann bezweifelt werden, ob im Falle von *Ritus*
das Interesse des Publikums noch als nennenswert bezeichnet werden
kann: die Brillanz der Mimik vermag wie so oft manchen Zuschauer zu
beeindrucken, in der Gestaltung der Dialoge aber gibt sich Bergman of-

Bergman auf Fårö

fensichtlich zufrieden allein mit der Aufmerksamkeit intimer Kenner der
Mythologie der Antike wie der des Ingmar Bergman.

Gleichgültig ist dem Regisseur die Wirkung seines Films auf die Zuschauer nicht – zumindest nach der Ausstrahlung. Vielleicht ist die Entstehung von Bergmans erstem größeren Dokumentarfilm gerade dem
Umstand zu verdanken, daß seine Mitbewohner auf Fårö den *Ritus* im
Fernsehen ansehen können: vor ihnen schämt er sich ein wenig für dieses
Werk, und er beschließt, einen Film zu drehen, den die Leute mögen:
Fårö-Dokument. Die Leute werden ihn mögen und erteilen dem Meister
eine Lektion im Fernseh-Publikumsgeschmack. Bergman wird bald
noch mehr gelingen: Straßen werden leer sein, weil er die Menschen vor
ihre Fernseher lockt.

Die Insel Fårö war bereits Kulisse vieler Filme gewesen, als sie 1969
(und noch einmal zehn Jahre später) selbst zum Thema eines Bergman-
Films wird: Dieser Dokumentarfilm berichtet von einer Insel, die auszu-
sterben droht, weil sie ihren Bewohnern nicht genug Arbeitsmöglichkei-
ten bieten kann – den wenigen Bauern reicht es noch zum Leben, den
Fischern nicht mehr. So zieht es die Jungen weg, und an ihre Stelle werden
bald die Festlandsbewohner treten, die – für kurze Zeit – *eine entvölkerte
Gegend... in ein grotesk aufgeblähtes Touristenparadies verwandeln* [182].

Im *Fårö-Dokument* von 1979 sieht Bergman die Zukunft seiner neuen
Heimat weniger düster. Sehr geduldig, in Bildern, die dem ruhigen

104

Rhythmus der Landschaft und ihren Bewohnern angepaßt erscheinen,
zeichnet Bergman das Porträt von Menschen, die mit ihrer bescheidenen
Existenz zufrieden sind – die aber auch selbstbewußter den Ansprüchen
eines Massentourismus gegenüber ihre in mancher Hinsicht noch natürlich gebliebene Welt verteidigen.

Zu Beginn der sechziger Jahre hatte Bergman das Angebot, in den USA
zu arbeiten, zurückgewiesen: *Nein, Hollywood kommt für mich nicht
in Frage. Wenn die Amerikaner zu mir kommen, will ich gern mit amerikanischen Schauspielern drehen.* [183] Zehn Jahre später, 1970, läßt er die
Amerikaner kommen: die Firma ABC Pictures wird zum Koprodu-
zenten eines Bergman-Films. Immerhin begnügt sie sich mit nur e i n e m
Schauspieler, dem zweiten Mann für eine Dreiecksgeschichte; sie bringt

den Filmtitel mit, die Sprache, Eastmancolor und nicht zuletzt die Werbekampagne für eine Lovestory à la Bergman: *The Touch*.

Die Story: Seit sechzehn Jahren lebt Karin mit dem Arzt Andreas in einer Ehe, die als glücklich gilt. Ihr Mann verdient gut, die Kinder sind nett, *alles perfekt, auf eine fast unangenehme Weise*[184]. Eines Tages lernt sie den amerikanischen Archäologen David kennen. David ist das Gegenteil zum disziplinierten Andreas: als Kind jüdischer Eltern leidet er an seiner Vergangenheit, ist nervenkrank und entwurzelt. Karin erlebt die große Liebe, doch am Ende trennen sich ihre Wege wieder.

Der Zuschauer hat sich nicht nur an ein neues Gesicht, sondern an manche Amerikanismen zu gewöhnen: an eine auch auf Überraschungseffekte ausgerichtete Dramaturgie, an die ununterbrochenen Bewegungen der Figuren, ihre Geschäftigkeit, den Hauch von Jet-Set. Verdächtig oft und ausführlich geraten Mode und Dekors der Gutbürgerlichkeit ins Bild – dem Werbefilm allzu ähnlich. Zugeständnisse an die Geldgeber – müßte man vermuten. Doch im Verlauf der Handlung wird deutlich, daß solche stilistischen Abweichungen gut ins Konzept passen und eher gewollt als aufgezwungen sind.

Offensichtlich ist Bergman um den schönen Schein bemüht als Ausdruck einer Lebenssituation, wie sie die Heldin bisher erlebt hat, nämlich eines sorgsam behüteten Daseins. Damit blickt Bergman auf die Lebens- und Kinoerfahrungen seiner Zuschauer, der neu zu gewinnenden zumindest. Die leicht verletzbaren und die schon brüchigen Beziehungen – dazu in Ausnahmesituationen – haben wir bereits kennengelernt. Bergman ist nun daran gelegen, eine Welt zu zeigen, die von zahlreichen Zuschauern als ihre eigene erkannt wird: das Spiel beginnt gleichsam mit der spiegelglatten Oberfläche eines Sees, die plötzlich durch einen Steinwurf aufgerissen wird – ein Kreis zieht immer größere Kreise.

Wir kennen diese Dramaturgie vom Meister der Kino-Alpträume, Hitchcock, oder – Bergmans Thematik näher – vom Hitchcock-Schüler Claude Chabrol. Dieser schafft Spannung dadurch, daß er seine Helden verzweifelt danach suchen läßt, den scheinbar idyllischen Zustand der verletzten bürgerlichen Ordnung wieder herzustellen – notfalls mit Gewalt. Doch bei Bergman gibt es keinen gehörnten Ehemann, der sich bitter rächt. Er zieht die eigentliche Spannung aus der Beobachtung seiner Hauptfigur. Er konzentriert sich auf das Verhalten der Frau, auf die Veränderungen, die sich in ihr nach Jahren des Gleichmaßes vollziehen. Schon der Anfang weicht vom erwarteten Schema ab: die erste Szene zeigt Karin auf dem Weg ans Sterbebett ihrer Mutter – der Stein, der das Wasser bewegt, ist nicht ein Seitensprung, sondern der Tod der Mutter. Karin beginnt zu ahnen, daß sie bisher stets Objekt der anderen war – und wenn der Film zu Ende erzählt ist, hat sich an diesem Zustand nicht viel geändert; Karin hat lediglich einen zaghaften Versuch unternommen, sich anders zu sehen. Am Schluß erfolgt keine Katastrophe zwar, aber auch

Mit Federico Fellini in Rom, 1968

keine Lösung und kein Gefühl der Befreiung für den gefesselten Zuschauer; ihn läßt Bergman so ratlos zurück wie seine Heldin: die Romanze ist zu Ende, die Ehe wohl auch, Karin ist schwanger und weiß nicht
von wem.

Der Film *The Touch* ist mit Mitteln inszeniert, die auf hohe Zu-
schauerzahlen in Europa wie Amerika zielen, er ist dennoch ein beunru-
higender Blick Bergmans auf die eigene Persönlichkeit. Thematik und
Atmosphäre des Films sind deutlich geprägt von Erfahrungen Bergmans
unmittelbar in der Zeit der Arbeit am Film. Das Drehbuch entsteht in den
Tagen kurz nach dem Tod seines Vaters. Bergmans lebenslanger Haß auf
den Vater, verursacht durch *diese sinnlose Erziehung mit... geistiger und
körperlicher Folter*, weicht erst am Ende dem Mitleid, so daß er mit ihm
ohne allzu große Selbstüberwindung verkehren konnte.[185] Nach dem Tod
seiner Frau, 1966, hatte Eric Bergman die letzten Jahre im Pflegeheim
verbracht.

In die Zeit der Arbeit am Film fällt zudem die Trennung von Liv Ullmann. In der Reihe der Lebensgefährtinnen Bergmans war sie nach
Harriett Andersson und Bibi Andersson die dritte Schauspielerin und
vermutlich diejenige, die am meisten belastet war durch zu hohe Erwartungen – von seiten der Öffentlichkeit zumindest. «Sein Traum war die
Frau, die in sich ruhte. Aber ich zerbrach... wenn er nicht achtsam

107

war»[186], schreibt Liv Ullmann später über solche unerfüllbaren Erwartungen.

Die Häufigkeit der Neuanfänge in Bergmans Privatleben mag begründet sein im gewachsenen Selbstbewußtsein der Frauen oder (wie er es sieht) in der eigenen Haltung, nicht mit Kompromissen leben zu können – mit berechtigtem Stolz jedenfalls kann er darauf hinweisen, daß seine Trennungen nie endgültigen Bruch bedeuten: ... *ich verstehe mich phantastisch mit meinen ehemaligen Frauen.*[187]

Der Erfolg von *The Touch* bei Publikum wie Kritik entspricht im übrigen nicht den Vorstellungen der Produzenten. Bergman seinerseits ist eher zufrieden mit seinen Geldgebern, kamen sie doch weiter auf ihn zu als er auf sie. Erheblich wohler aber fühlt er sich unter Bedingungen, die seiner Kreativität – durch weniger Zwang zu Kompromissen – kaum Grenzen setzen. Mit den *Szenen einer Ehe* wird sich zeigen, daß *The Touch* nicht viel mehr als ein Übungsstück sein sollte.

«Träume herzustellen, das ist ein Fest!»

Von Tod und Wiedergeburt

Nach *The Touch* wirkt Bergmans Film *Viskningar och rop* (*Schreie und Flüstern*) beinahe wie eine reumütige Rückkehr in heimische Gefilde des Kammerspiels, wie eine Rückkehr auch in die Welt von *Das Schweigen*. Das, was in *Das Schweigen* vielen Zuschauern als abstrakt, mehrdeutig oder mißverständlich erscheinen konnte, die Verkrüppelung der Seele, versucht Bergman mit *Schreie und Flüstern* auf eine für ihn neue Weise zu gestalten. Handlungsverlauf, Personal, Dekor, Kameraarbeit sind streng auf einen Punkt gerichtet. Bergman will eine wenig rationalisierbare Erfahrung, Leben als ein Prozeß des Absterbens, auf eine entsprechend wenig rationalisierbare Weise vermitteln, das heißt seine sehr persönliche Empfindung soll sinnlich suggestiv, wirkungsvoll und nicht zuletzt von vielen nachvollzogen werden können.

Der Film porträtiert vier Frauen in einem Herrenhaus um die Jahrhundertwende: Agnes, Ende Dreißig, liegt im Sterben, ihre beiden jüngeren Schwestern Karin und Maria sowie die Dienstmagd Anna warten auf ihren Tod. Wir erleben die Frauen vorwiegend in ihrer jeweils eindeutigen Beziehung zum Körperlichen. So ist Maria nichts außer verliebt in ihre eigene Gestalt; Karin dagegen treibt den Haß auf ihren Körper bis zur Selbstverstümmelung; Agnes wiederum erscheint als Opfer totaler Verdrängung – jetzt stirbt sie an Unterleibskrebs; Anna schließlich ist ganz wärmespendender Körper: *sie spricht nicht, vielleicht denkt sie nicht einmal.*[188]

Deutlich hat Bergman mit diesen Frauenfiguren Komponenten unseres Seins gestaltet – gegenüber *Das Schweigen* um zwei erweitert und zugleich reduziert auf Variationen der Rolle der Anna dort. Der Geist, für den Ester stand und der noch etwas vom Prinzip Hoffnung enthielt, erscheint bloß in Form der Ersatzbefriedigung: Agnes malt und musiziert und schreibt Tagebuch, doch mehr als sie damit a u s drückt, u n t e r - drückt sie.

Es bleibt allein die aufopfernde Mütterlichkeit der Magd. Dieser Film sei ein erster Versuch, sein Mutterbild einzukreisen, so Bergman.[189] Weitere Versuche werden folgen, darunter ein Porträt Karin Bergmans auf eher dokumentarische Art in dem Kurzfilm *Karins ansikte* (*Karins Gesicht*). Am Beginn seiner Filmkarriere und zu ihrem Ende hin setzt sich Bergman in kaum verschlüsselter Form mit den Elternteilen auseinander. Vaterbild der frühen Filme und Mutterbild im Spätwerk, das erstere so einseitig wie das zweite vielschichtig, werden gar verbunden zum endgültigen Sturz des Patriarchats und zur Erneuerung matriarchalischer Lebensformen in *Fanny und Alexander*. Begründet ist die Differenzierung in der Zeichnung der Mutter eher als im Grad der Reife des Künstlers in dem besonderen Verhältnis vom Sohn zur Mutter und dem zum Teil auch daraus ableitbaren Interesse dieses Regisseurs an der Gestaltung weiblichen Wesens.

Karin Bergman, dazu erzogen, feminine Verhaltensweisen zurückzudrängen, teilte Erics Auffassung vom Umgang miteinander, der Spannungen nie an die Oberfläche lassen durfte, und seine Auffassung von Erziehung. Dennoch war sie den Kindern Wärmespenderin; sie habe ihn früh in seinen literarischen Interessen gefördert, sagt Bergman von der Mutter, die Bindung an sie sei stark gewesen und geprägt von Eifersucht auf die Geschwister. Nach ihrem Tod liest er ihr Tagebuch und *entdeckt plötzlich eine unbekannte Frau, die – klug, ungeduldig, wild, rebellisch – hinter der pflichterfüllten Hausfrau gelebt hatte*[190].

So hilflos wie die vier Frauen in *Schreie und Flüstern* soll sich der Zuschauer in der Begegnung mit anderen wie mit seinem eigenen Ich sehen – unverhüllt wie in Träumen, die ihn aus Furcht vor weiteren Bewußtmachungen erwachen lassen. Filmische Darstellung von Traum hieß auch bei Bergman stets Trennung vom Bereich des Realen durch Stilisierung bis hin zur Abstraktion. *Schreie und Flüstern* kann als Versuch bezeichnet werden, Traumarbeit von Anfang bis Ende eines Films zu zeigen, diesmal umgekehrt durch möglichst viel Konkretisierung bis hin zur Alltäglichkeit. Stilisierung freilich bleibt dennoch ein tragendes Element eines solchen Transformationsversuchs, vor allem mit Hilfe der Farbe. Nach *Passion* wird Farbe in dieser Bedeutung erstmals zu einem Grundbaustein in der Dramaturgie Bergmans. Alle Innenräume werden beherrscht von der Farbskala Rot. Den Grund für die Wahl dieses Gestaltungsmoments vermag Bergman selbst nur zu vermuten, und zwar darin, *daß alles zusammen das Innere betrifft und ich mir schon seit der Kindheit die Innenseite der Seele als feuchte Haut in roten Nuancen vorgestellt habe*[191].

Ingmar Bergmans Traumspiel zeigt das Leben eines jeden als langsames Sterben: läßt man sich auf diese Betrachtung ein, wirkt es durchaus nicht wie ein Wunder, wenn die soeben verstorbene Agnes wimmernd wie ein Kind etwas wie Wärme sucht bei ihren Schwestern: auf dem *Weg ins Nichts verharrt der Tod auf halber Strecke*[192], doch das Rufen Agnes' dringt nicht mehr zu ihnen.

Ingmar Bergmans färgfilm

Viskningar och rop

Harriet Andersson Kari Sylwan Ingrid Thulin Liv Ullmann
Foto Sven Nykvist fsf
Prod. Cinematograph-SFI Distr.

«Schreie und Flüstern» (1971/72):
Plakat des schwedischen Verleihs

Tote ohne Begräbnis gab es nicht nur bei Bergman häufig im Kino; die nicht christlich motivierte Erweckung einer Toten selten. Dreyers Meisterwerk «Das Wort», dem in allen Nuancen der Farbe Weiß gestalteten Versuch, die Grenzen zwischen diesseits und jenseits durch die Kraft des Glaubens als aufhebbar erscheinen zu lassen, setzt Bergman seine antireligiöse Variation in Rot entgegen: es gab niemals diese Grenzen; stets nur die Sehnsucht nach einem anderen Sein, und der Tod, das ist *die äußerste Einsamkeit*[193]. Die Möglichkeiten der romantisch-visionären Erzählweise Bergmans zur Sensibilisierung unserer auf Pragmatismus eingestellten Sinne, aber auch ihre Grenzen werden deutlicher wiederum im Vergleich mit ganz anderen Erzählhaltungen dieser Thematik gegenüber, zum Beispiel der Veteranin des dänischen Films, Astrid Henning-Jensen, deren Film «Der Augenblick» als realistischer Kontrapunkt wirkt

111

zu Bergmans Todessicht wie ihr Film «Winterkinder» zu Bergmans *Dem Leben nahe*.[194]

Doch Botschaften über den Tod, von wem auch immer, gelingt es bekanntlich nie, Zuschauer in Scharen anzuziehen; um so beachtlicher ist die Zustimmung, die *Schreie und Flüstern* bei Publikum und Kritik findet, ein Erfolg, der mit der Oscar-Nominierung für den «besten ausländischen Film» gekrönt wird. Treffend hatte François Truffaut *Schreie und Flüstern* vor seiner Premiere in Frankreich prophezeit, der Film werde «Bergman mit dem großen Publikum versöhnen, das ihn nach seinem letzten Erfolg, *Das Schweigen*, links liegen ließ»[195]. Daß dieses Publikum bald nicht nur versöhnt ist mit Ingmar Bergman, sondern ihn begeistert feiert, konnte auch der Bergman-Kenner nicht ahnen.

Im Produktionsjahr von *Schreie und Flüstern*, 1972, ebenfalls im kleinen Team auf Fårö, dreht Bergman für das schwedische Fernsehen die Geschichte eines gutsituierten Ehepaares in mittleren Jahren: *Scener ur ett äktenskap* (*Szenen einer Ehe*). In den Hauptrollen spielen Liv Ullmann und Erland Josephson. Der Film beginnt mit dem Porträt eines Paares, das meint, seit Jahren miteinander glücklich zu sein. Als der Ehemann Johan ausbricht und zu einer Geliebten geht, bedeutet das für seine Frau Marianne zunächst eine Katastrophe. Es folgt der lange Prozeß von Trennungen und Wiederbegegnungen, in dessen Verlauf die beiden versuchen, die Ursachen der Unfähigkeit zum Zusammenleben zu ergründen. Am Ende stehen die zaghaften Schritte hin zu einem Neuanfang, *kein glücklicher Schluß... sondern nur der Anfang dazu, daß sie ganze und richtige Menschen werden*[196].

Szenen einer Ehe wird als sechsteiliger Fernsehfilm wie in der gekürzten Kinofassung zum bisher erfolgreichsten Werk seines Regisseurs und des schwedischen Films überhaupt. Bergmans Eheszenen gehören zu einem der seltenen Glücksfälle der Filmgeschichte, in denen scheinbar zufällig und plötzlich viele Voraussetzungen für den großen Erfolg erfüllt werden.

Zuschauer mit einem bisher wenig artikulierten Gefühl, in einer unbefriedigenden Ehe-Situation zu leben, treffen auf einen Film, der die Fähigkeit besitzt, sehr präzise und überzeugend das auszudrücken, was viele dieser Zuschauer längst sagen wollten. Dem Film gelingt dies wiederum durch harmonisches Zusammenspiel von Bausteinen, die jeweils optimal gehandhabt bzw. genutzt werden: Drehbuch, Dialogregie, das Timing von Bild und Ton, die Arbeit der Kamera im Nahbereich, die Physiognomie der Darsteller, die Bandbreite ihres Ausdrucks und die Fähigkeit eines Regisseurs, diese Bandbreite auszuschöpfen. Von allem hatten Bergman-Filme bereits Meisterliches gezeigt – in *Szenen einer Ehe* erreichen viele der Komponenten im Miteinander ein Höchstmaß. Dennoch reicht dies nicht, um die Größe des Erfolgs zu erklären. Seit Jahrzehnten hatte Bergman die Verlogenheit bürgerlicher Etabliertheit nachgewiesen, die Innenleben seiner Figuren ausgelotet und ihnen wie uns eine

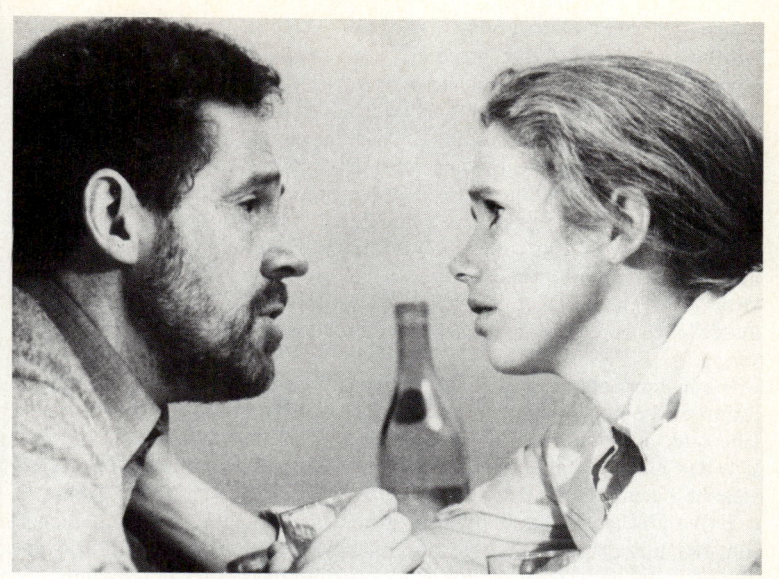

Erland Josephson und Liv Ullmann in «Szenen einer Ehe» (1972)

Seinsweise offenbart, die wir vielleicht nur erahnen konnten – durch unsere Träume; *Schreie und Flüstern* war gerade ein beeindruckendes Beispiel dafür – doch allein für diejenigen Zuschauer, die die Bereitschaft mitbringen, sich auf den – vorangekündigten – Blick auf einen qualvollen Todeskampf einzulassen. Die *Szenen einer Ehe* haben mit keiner solchen Hemmschwelle zu tun; auch wenn beiden Filmen letztlich die gleiche Thematik zugrunde liegt, den diesmal angekündigten Eheproblemen setzen sich Zuschauer eher gern aus und halten stand, wenn sie statt über metaphysische Fragen zum Nachdenken über ihren eigenen Alltag aufgefordert werden.

In seiner Darstellung der Ehe abstrahiert Bergman weitgehend von der Funktionsvielfalt dieser Institution. Er reduziert sie auf das fast Private (was durch die Zuordnung seines Paares zur oberen Mittelschicht erleichtert wird) und damit auf den ureigentlichen Anspruch der Ehe, nämlich eine Liebesbeziehung zu sein. Dieser thematischen Konzentration entspricht die Dramaturgie des Films: Bergman läßt seine Protagonisten ununterbrochen reden, und seine überaus gebändigte Kamera beobachtet akribisch die Sprache der Gesichter. Allein das unentwegte Gegeneinander dieser Sprachen schafft Spannung.

Daß Bergman Versorgungsfragen oder die Rolle der Kinder außer acht läßt und sich allein dafür interessiert, was aus der Liebe der Ehepartner geworden ist, war für manchen Kritiker der Schwachpunkt des Films. Dem Publikum mißfiel dies nicht: der Anspruch der Ehe, harmonische Zweisamkeit auf Dauer zu sein, läßt sich unschwer als wirklichkeitsfremd vorführen – die Gestaltung dieser einfachen Erkenntnis durch das Bergman-Team jedoch veranlaßte vermutlich sehr viele Zuschauer dazu, von sich zu sagen, zum erstenmal vom Anachronismus der Ehe überzeugt worden zu sein. Der Erfolg des Films hat also zu tun mit der beschriebenen Abstraktion, aber auch damit, daß diese Abstraktion durchaus nicht verhindert, dieses Ehebildnis weit mehr als Analyse konkreter Verhältnisse denn als Bergman-typisches Menschheitsdrama erscheinen zu lassen.

Wenn am Schluß von *Szenen einer Ehe* ein demütiger gewordener Mann und eine selbstbewußtere Frau zurückbleiben, war die Hölle der Ehe oder auch die des Lebens nicht total, und auf den Zuschauer kann sich das Gefühl der Veränderbarkeit übertragen. Der Geist Ibsens erscheint diesmal dem Strindbergs überlegen.

Es ist Ibsen, der im Jahrzehnt erneuter Aktualität der Frauenfrage seine Renaissance erlebt, gefördert auch durch einen seiner Schüler – wie dieser nun durch jenen. Somit ist es kein Zufall, wenn Liv Ullmann, die erst mit diesem Film in den USA Furore macht, dort weitere Triumphe feiert – doch nicht in Hollywood, sondern auf dem Theater: in Ibsens «Nora». Der Anteil Liv Ullmanns am Gelingen der *Szenen einer Ehe* ist sicher als beträchtlich einzuschätzen; sie bringt nicht nur Virtuosität im Ausdruck von Gefühlen in den Fundus des Films ein, sondern zusammen mit dem Regisseur die Erfahrung ihrer Lebensgemeinschaft wie die Erfahrung, in Puppenheimen zu leben und sie verlassen zu können. Liv Ullmann ist in der Öffentlichkeit eine Zeitlang Marianne oder Nora; so ist nicht zuletzt der Mythos um sie und ihr Leben mit Bergman wie die damit verbundene Erwartungshaltung diesem Film gegenüber eine der Voraussetzungen seines internationalen Erfolgs.

1981 in München überprüft Bergman die Gültigkeit seiner Partnerschaftsanalyse. In einer überarbeiteten Fassung inszeniert er *Szenen einer Ehe* für das Theater – gleichzeitig mit Strindbergs «Fräulein Julie» und Ibsens «Puppenheim»: *Nora und Julie sind irgendwie Schwestern. Nora bricht aus der Gesellschaft aus, und Julie wird von der Gesellschaft umgebracht... 100 Jahre nach diesen «Schwestern» gibt es diese Marianne. Da kann man sehen, was in dieser Zeit, in diesem Beziehungsdreieck Mann, Frau, Gesellschaft passiert ist. Merkwürdigerweise sehr wenig... Johan und Marianne haben ihre Identitäten gesucht... und auch nicht gefunden. Aber angefangen zu finden.*[197]

Finden Marianne und Johan, finden die Menschen zu sich selbst? Bergman hat Gewißheit allein darin, daß sie die Suche danach nicht aufgeben

Bergman inszeniert «Die Zauberflöte» (1974). Mit Irma Urrila als Pamina

dürfen. In seinem Universum erweist sich der Glaube an eine solche Utopie manchmal als überlebensnotwendig. Ungebrochen aber gibt es diesen Glauben stets nur für Augenblicke; sehr intensiv, wenn seine Helden Musik erleben – die Musik Bachs, Beethovens oder Mozarts.

Bereits als Zwölfjähriger hatte Bergman eine Aufführung von Mozarts «Zauberflöte» in seiner Puppenbühne geplant. Sein Geld hatte für die Dekoration, nicht aber für die Schallplatten gereicht. Mitte der sechziger Jahre erhielt der renommierte Theatermann Angebote zu einer «Zauberflöten»-Inszenierung aus Malmö, Hamburg und Stockholm – auch daraus wurde nichts. Als Fünfzigjähriger erinnerte sich Bergman an den Traum seiner Kindheit: «Die Zauberflöte» im Puppenspiel – als kleine Einlage in *Die Stunde des Wolfs*. Dabei sollte es bleiben: *Ich brauch sie nicht mehr zu machen. Es gibt sie. Ich trage sie in mir*.[198] So der Theaterregisseur damals. Der Filmregisseur inszeniert sie dann doch – und zwar für das Fernsehen, zum 50. Jubiläum von Sveriges Radio.

Zum Fernseh-Jubiläum ausgerechnet eine Oper? Inszeniert durch den Mann, der eben mit seinen Ehezsenen demonstriert hatte, was fernsehspezifische Dramaturgie zu leisten vermochte? Der Mozart-Liebhaber

115

und Theaterroutinier wußte natürlich, daß der Bildschirm nicht d a s Medium der «Zauberflöten»-Interpretation sein konnte. Betrachtet man *Trollflöjten* (*Die Zauberflöte*), so wird deutlich, daß Bergman beiden gleichermaßen gerecht werden wollte, Mozart u n d dem Fernsehen zum Geburtstag. Das elektronische Medium würdigt er in seiner Multiplikatorfunktion, die bedeutendsten Kunstwerke in den letzten Winkel der Welt transportieren zu können. Mozart würdigt er damit als den Künstler, der es bis heute versteht, Menschen über alle Grenzen hinweg tief zu bewegen.

In einer zu den Ouvertürenklängen rhythmisierten Schnittfolge bringt Bergman Gesichter aller Generationen und Hautfarben ins Bild, um sogleich das Ideal weltverbrüdernder Humanität der als Volksoper verstandenen «Zauberflöte» zu betonen. Ein Ideal, das für den skeptischen Humanisten allein in der Harmonie des Märchens verwirklicht werden kann. *Drei kleine Leute jagen und werden gejagt durch Träume und Wirklichkeiten, die vielleicht auch nur allein in ihrer Einbildung existieren.*[199] R e a l sind für Bergman die Suche nach dem Glück und der kindliche Glaube an den Erfolg. Mehr als an dem Verkünder aufklärerischer Ideen ist er daher interessiert an dem großen Verzauberer Mozart und an dem Künstler, der – wie Bergman selbst sich versteht – trotz allem *fleißig immer weitergeht*[200].

Die Kunst des Faszinierens vorzuführen, gilt somit der Ehrgeiz der Inszenierung Bergmans. Immer wieder erfaßt die Kamera im Zuschauerraum ein Kindergesicht, in dem sich alle Gefühlsstationen des Miterlebens spiegeln – deutliche Fingerzeige, derer es nicht bedurft hätte. Gut und Böse hat der T h e a t e r regisseur klarer verteilt als Mozarts Librettist (so erscheinen Sarastro und die Königin der Nacht – Bergmangerecht – als geschiedenes Ehepaar); ansonsten läßt er fast bescheiden Mozart durch die Kraft der Musik wirken – getreu seinem ehernen Prinzip: *Interpretation sollte immer etwas «demütig» sein.*[201] Der F i l mregisseur hingegen greift ein, wenn das, was zusammen mit der Musik den Opernbesucher zu verzaubern vermag, betont werden soll: die Mittel der Bühnentechnik oder die große Kunst der Illusionisten, die den mühevoll arbeitenden Schauspieler-Sänger vergessen läßt.

Etwas zu vermitteln von der Atmosphäre eines Opernbesuchs dient zudem die Wahl der besonderen Kulisse. Wo könnte die «Zauberflöte» eindringlicher wirken als in einem Theater aus der Zeit Mozarts? Das kleine Rokoko-Theater neben Schloß Drottningholm mit seiner ursprünglichen Bühnenmechanik bietet diesen zusätzlichen Zauber (aber nur wenige hundert Plätze für ein auserlesenes Publikum). So läßt Bergman dieses Theater akkurat im Studio nachbauen: während der Ouvertüre ein Blick in den Schloßpark, dann ein Blick in den Zuschauerraum, auf die Kerzen, die Bühne – der Vorhang geht auf . . . wieder einmal ist für Momente die Illusion perfekt, und das Licht darf die Finsternis bezwingen. Mit einer Oper, die für ein breites Publikum komponiert und jetzt auch inszeniert wurde, feiert das schwedische Fernsehen am Neujahrstag

1975 sein glanzvollstes Fest. Anschließend geht *Trollflöjten* als Kinofilm in die Welt und verschafft einer bis dahin nicht erreichten Zahl von Menschen einen Zugang zu Mozart.

Der 1975 entstandene Film *Ansikte mot ansikte (Von Angesicht zu Angesicht)* läßt sich als eine Fortsetzung von *Szenen einer Ehe* verstehen, als Vertiefung eines ihrer Aspekte, der für Bergman in jenem Zusammenhang vielleicht wichtigsten Erfahrung: erst durch die als schwere Krise erlebte Trennung von ihrem Ehemann beginnt Marianne darüber zu reflektieren, wie und warum sie so geworden sei, und allmählich dringt sie vor zu bisher nie entdeckten Bereichen ihres Seins. Folgerichtig sieht Bergman in einer der selbstverständlichsten Übereinkünfte gesellschaftlichen Lebens, nämlich *einander vor Krisen zu bewahren*, die Ursache dafür, daß *wir einander davon abhalten, der Mensch zu werden, der man ist*[202]. *Von Angeischt zu Angesicht* ist die Zuspitzung dieser Einsicht auf die Forderung: Habt endlich den Mut zur Krise! Über das Paulus-Wort weist der Titel hin auf *Wie in einem Spiegel*; Bergman setzt damit der religiösen Heilserwartung eine humanistische durch Introspektion entgegen: *... für mich ist das Wesentliche schließlich und endlich nicht, daß wir Gott oder Christus, sondern daß wir Menschen uns von Angesicht zu Angesicht gegenüberstehen sollen.*[203]

Wie in *Wilde Erdbeeren* steht die Reise in die Vergangenheit im Mittelpunkt eines Films. Anders als dort bleibt erinnerbare vergangene Zeit im Hintergrund, und so ist es genauer, von einer Reise ins Unbewußtsein zu sprechen. Die von Liv Ullmann gespielte Dr. Jenny Isaksson ist eine emanzipierte Frau; sie ist Psychiaterin von Beruf. Eine Patientin gibt ihr zu verstehen, daß sie, die helfende Ärztin, alles andere als gesund ist. Jenny ist höchst irritiert, und als sie das Opfer eines Vergewaltigungsversuchs wird, wächst in ihr das Gefühl physischer und psychischer Deformiertheit. Vermeintlich längst überwundene Ängste werden wach; zuletzt bricht Verdrängtes aus ihrem Innern hervor wie aus einem Vulkan und nimmt ihr scheinbar jegliche Kontrolle über sich selbst: Jenny versucht sich umzubringen. In einer Folge von Träumen und Visionen erlebt der Zuschauer Jenny auf ihrem Weg zum Tod. Der Eindruck soll in ihm entstehen, dieser Selbsttötungsversuch sei folgerichtig, da niemand diese Macht des Innern zu bändigen wüßte, am wenigsten die Experten der Seele, also Jenny selbst und ihre Fachkollegen. Demonstrativ siedelt Bergman seinen Fall in diesem Kreis der Spezialisten an, um einmal mehr zu bekunden, was er von der Kompetenz der Schulpsychologie hält und wie ernst er sein vielzitiertes Wort vom *Analphabetentum der Seele* im Zeitalter der Wissenschaft meint.

Der Selbstmordversuch Jennys bildet den eigentlichen Höhepunkt des Films. In dieser Intensität wurde eine solche Handlung bisher wohl nicht auf die Leinwand gebracht. Ohne Fragen der moralischen Berechtigung

*Mit Liv Ullmann während der Dreharbeiten
zu «Von Angesicht zu Angesicht» (1975)*

«Von Angesicht zu Angesicht»

erörtern zu müssen, läßt Bergman den Zuschauer auf beklemmende Weise eine zwiespältige Situation mitempfinden: auf der einen Seite das unbedingte Bedürfnis, tiefster Depression ein Ende zu bereiten, auf der anderen Seite das Gefühl großer Angst vor dem, was getan ist und von dem niemand weiß, wie es ausgeht.

Wenn die *hochqualifizierte* Dr. Isaksson die Krankheit «Angst» mit Tabletten zu kurieren versucht, setzt Bergman solcher Methode seine einfache Erkenntnis entgegen, daß *die «Träume» wirklicher sind als die Realität*, sowie die Vermutung, daß *es die Wirklichkeit vielleicht nur als Sehnsucht gibt*[204]. Dramaturgisch bedeutet dies ein fast gleichberechtigtes Nebeneinander von bewußt erlebter und geträumter Realität. Die Gestaltung solcher Art Traum ist Bergman nach eigenem Bekunden nur selten geglückt; auch in diesem Fall ist er nach Abschluß der Dreharbeiten derart enttäuscht von seinen Traumbildern, daß er zur Schere greift. Gut verstehen kann man ihn, betrachtet man Liv Ullmann, die selbst im verbliebenen Filmrest als «Tote» wandelt wie in einer Parodie auf *Schreie und Flüstern*. Für Bergman schlimmer sind die Folgen der Schnitte: *...dadurch ist dieser Film aus dem Gleichgewicht geraten.*[205]

Die Überdosis Schlaftabletten beendet Jennys Leben nicht, wohl aber den Ausbruch des Vulkans – sie erscheint wie von einer langen Krankheit genesen und bereit, ihr Leben neu zu beginnen. Doch als wäre Bergman von seiner Krisentheorie nicht mehr überzeugt, zeigt er am Ende seines Films Jennys Fähigkeit zum Neuanfang als nur gering, das Ausmaß psychischer Verkrüppelung als groß und diese Verkrüppelung selbst wie die Last eines Erbgutes: wenn Jenny Besuch von ihrer kleinen Tochter erhält, begegnen sich zwei eiskalte Menschen, die einander nichts zu sagen haben. Sehr aufgesetzt wirkt daher der Epilog, in dem der Liebe die Kraft zugesprochen wird, Angst und Tod zu überwinden.

Im Falle Jennys mag die Katastrophe eine reinigende Wirkung gehabt haben: sie überlebt und hat nach ihrer *qualvollen Wiedergeburt* vielleicht die Möglichkeit, *auf eine Entdeckungsreise zu gehen, die sie anderen Menschen gegenüber offen macht – in endloser Wiederholung*[206]. Was aber, wenn der Ausbruch des Vulkans zur Katastrophe ohne Ende wird? Bergman erinnert sich an das zweite Ehepaar in *Szenen einer Ehe*: *...mit den beiden ist noch mehr los, da muß ich noch weiterforschen.*[207] Das Ergebnis ist *eine schwarze Tragödie*, der Ende 1979 für das Zweite Deutsche Fernsehen (ZDF) inszenierte Film *Aus dem Leben der Marionetten*.

Peter Egerman trennt sich von seiner Frau Katarina, indem er sie «umbringt» – im Traum zunächst, dann stellvertretend durch Mord an einer Prostituierten in Wirklichkeit. Die Experten der Psyche versuchen das Warum der Tat zu ergründen – wie immer bei Bergman tappen sie weitgehend im dunkeln. Die Bluttat steht am Beginn des Films und erscheint in Farbe, die folgenden Rückblenden bleiben Schwarz-Weiß, und wenn am Schluß der Wiedereinsatz von Farbe signalisiert, daß es jemand geschafft habe, sich zu befreien, erscheint der Preis dafür zu hoch: der Held ist Gefangener einer psychiatrischen Anstalt.

Aus dem Leben der Marionetten ist ein Beispiel für Bergmans erneute Überbetonung seiner pessimistischen Grundüberzeugung. Bergmans Antwort auf die Frage, wie man es verhindert, eine Marionette zu werden: *In unserer westlichen Zivilisation ist es fast unvermeidbar... Wir sind mit einer ungeheuren Geschwindigkeit unterwegs – bergab – ...ich bin ein sehr optimistischer Pessimist, und ich glaube, daß wir nichts mehr ändern können.*[208] Unmittelbar wie selten in seinen Filmen läßt er dieses Unbehagen einer seiner Figuren aussprechen – Katarina: *Warum zerschlagen wir nicht eine Gesellschaft, die so tot, so unmenschlich, so wahnsinnig, so demütigend, so vergiftet ist?*[209]

Aus dem Leben der Marionetten wird zu einem Gegenstück der *Szenen einer Ehe*. Dies geschieht nicht zufällig in einer Zeit, in der sich im Bürgermilieu, westlicher Länder zumindest, die Phase des nachgeholten Redens und Reflektierens, der bemühten Selbstfindung ihrem Ende zuneigt. Konservative Politiker erklären das Vietnam-Trauma für endlich überwunden und kündigen an, wieder in die Offensive zu gehen. Und wenn es bald in manchen Ländern so erscheint, als würden Aktivismus und Optimismus staatlich verordnet, könnte man angesichts des Films, der auf *Aus dem Leben der Marionetten* folgt und der in Teilen vor Lebensfreude strotzt, *Fanny und Alexander*, Bergman eines allzu opportunistischen Verhaltens verdächtigen. Doch wir wissen, daß er sich als Künstler immer als eine Art Radar verstand: *Mal entdeckst du auf dem Radar nur schreckliche Dinge, dann wieder kannst du etwas Wunderschönes sehen und hören.*[210]

Die Fülle pessimistischer Töne in *Aus dem Leben der Marionetten* hat freilich auch einen aktuell-privaten Grund: *... das hat mit einem Mangel an Geborgenheit zu tun.* Als der Film entsteht, lebt Bergman bereits seit drei Jahren fern der Heimat, in München. Er fühlt sich dort nicht unwohl, *aber es kommt vor, daß ich plötzlich rotiere, und so hatte ich das Gefühl, ich muß über diese Kurzschlußreaktionen... etwas machen*[211]. Doch gehen wir zurück in das Jahr, in dem der Ort der Geborgenheit verlassen wurde.

In anderen Ländern

Anfang 1976 wird Bergman der Steuerhinterziehung verdächtigt (zu Unrecht, wie sich später herausstellt); fluchtartig verläßt der Künstler sein Land – zutiefst gedemütigt und voller Wut: *In Schweden wird man von einer machtbesessenen Bürokratie bedroht, die wie ein Krebsgeschwür wächst!*[212]

In der internationalen Presse löst dieser Fall Wirbel aus. Ingmar Bergman wird noch bekannter und dadurch für Produzenten attraktiver, als er ohnehin durch die Lösung vom schwedischen Markt ist. Niemals wollte und konnte Bergman außerhalb seiner Heimat Filme drehen. Jetzt haben sich die Voraussetzungen geändert. Bergman prüft ein Angebot Hollywoods; er reist dorthin. Und er prüft ein Angebot aus der BRD, die sich anschickt, erneut im internationalen Filmgeschäft mitzuhalten. Die Stadt Frankfurt verleiht den Goethe-Preis an Bergman, erstmals überhaupt an einen Vertreter der «siebenten Kunst». Bergman kommt nach Deutschland; man verhandelt über ein Projekt, dessen Realisierung zehn Jahre zuvor gescheitert war: *Das Schlangenei*. Wer bekommt den Zuschlag? Dollars und DM der Produzenten Laurentiis und Wendlandt sind im Spiel, Geld vom ZDF und – mit der bislang höchsten Fördersumme! – die Filmförderungsanstalt: 4,5 Millionen Dollar insgesamt (zum Vergleich: Bergmans Filme hatten im Schnitt 1/20 dieses Betrags benötigt). Drehort wird München, Drehbeginn Herbst 1976: so schnell kann es gehen mit Preisen und Geschäften in der deutsch-amerikanischen Kulturlandschaft.

Das Schlangenei ist der erste im Ausland entstandene Film Bergmans, sein 40. überhaupt und in seiner Thematik Faschismus einer seiner wenigen, die sich als politisch kennzeichnen lassen.

Aus: «Expressen», Stockholm

Kritik am Faschismus hatte es auch im schwedischen Film der vierziger Jahre gegeben – vorsichtige Kritik zumindest an dem, was man für Faschismus hielt. Für Bergman und Sjöberg in *Die Hörige* bedeutete er vor allem Sadismus, und nicht zufällig erschien ihr Latein-Lehrer Caligula in der Maske Himmlers. Aus dieser Figur ist in *Das Schlangenei* ein unheimlicher Wissenschaftler geworden, Vergérus mit Namen (der Name des Rationalisten unterschiedlichster Gestalt in Bergman-Filmen), der die Menschen nicht mehr nur quälen, sondern verändern will: *Der Mensch ist eine Fehlkonstruktion... Wir rotten aus, was minderwertig ist, und züchten das Hochwertige.*[213]

Ort und Zeit der Handlung ist das Berlin von 1923; die Inflation erreicht ihren Höhepunkt, und in München bereitet Hitler seinen Putsch vor. Erzählt werden die merkwürdigen Erlebnisse des arglosen jüdischen Zirkusartisten Abel Rosenberg in einer Stadt, deren Bewohner wie gebannt erscheinen vor Angst; einer Angst vor dem Dasein, die ihr Ventil sucht in der – aufwendig inszenierten – Tingeltangelwelt jener Jahre. Wie die Menschen seiner näheren Umgebung wird Rosenberg Opfer des Experimentators Vergérus; nur dank des beherzten Eingreifens der Polizei kommt er mit dem Leben davon – n o c h, denn das, was wir in dieser *Horror-Zeit* erleben, sei vergleichbar einem Schlangenei: *Durch die dünne Membran erblickt man das bereits vollkommen ausgebildete Reptil.*[214] Was in der historischen Wirklichkeit folgte, ein fast gelungener Ge-

122

nozid, scheint Bergman recht zu geben in seiner Deutung des Faschismus als einer gewaltigen Verschwörung von Leuten, die es auf Körper und Geist der Menschen abgesehen haben, in ihrem Tun unaufhaltsam wie eine Naturkatastrophe. Doch nicht um Analyse einer historischen Situation geht es Bergman, sondern um deren Atmosphäre. Und in dieser besonderen Atmosphäre sind seine Teufel – wie einst als Verkörperung einer *ständig existierenden … für uns unfaßbaren, unerklärlichen Bosheit*[215] – moderner geworden, effektiver vor allem, und sie tragen nicht mehr die Züge eines fast freundlichen Mephisto oder Don Juan, sondern die der Doktoren Mabuse und Mengele.

Ich erwache aus einem Alptraum und stelle fest: die Wirklichkeit ist schrecklicher als der Traum[216], sagt der Held des Films, und gut vorstellbar ist, daß dieser Satz die Basis der für Bergman neuartigen Zusammenarbeit bildet: er klingt nach Bewältigung der jüngsten Vergangenheit, und er klingt nach Bergman. Kapitalstarke Produzenten haben sich gesagt, so scheint es, warum nicht Vergangenheitsbewältigung im Kulissenzauber des erfolgreichen Bühnenbildners Rolf Zehetbauer, mit internationalen Stars und einem Regisseur, der vieles in seinem Metier bis zur Perfektion beherrscht, doch garantiert e i n e s nicht versteht: dem Zuschauer das Gefühl totaler Ohnmacht zu nehmen gegenüber denen, die Politik machen.

Auf Bergman bezogen klingt das einfacher: *Das Schlangenei* bedeutet,

Oberbürgermeister Rudi Arndt überreicht den Goethe-Preis der Stadt Frankfurt, 1976

Liv Ullmann und David Carradine in «Das Schlangenei» (1976/77)

einen Film zu drehen im Ausland, mit großem Stab, vielen fremden Schauspielern und drei Sprachen, bedeutet ein Massenaufgebot an Menschen und Material und nicht zuletzt ein ihm fremdgebliebener Geschichtsstoff. Eine dieser Bedingungen hätte wohl genügt, um zu verhindern, daß dieses Opus zu den besseren seines Regisseurs zu zählen wäre. Im Ergebnis ist *Das Schlangenei* ein schillerndes Potpourri von Versatzstücken aus Horror- und Pornokino, Zeitdokument und Film des deutschen Expressionismus – Kafkas Aktenlabyrinthe haben darin einen Platz wie ein Kabarett namens *Der blaue Esel* und auch Bergmans Existenzangst. Seine Gesichter in Großaufnahme hingegen müssen innerhalb solcher Dramaturgie nur störend wirken. Ist der Film dennoch als «eine Kombination von Kunst und Kommerz»[217] ein Augen- und Ohrenschmaus? Nein, die Zuschauer belohnen die Mühe aller am Film Beteiligten nicht – sie beachten ihn nur wenig.

Für 1977 plant Bergman die Verfilmung der Lehár-Operette «Die lustige Witwe» (die er 1954 in Malmö erfolgreich auf die Bühne gebracht hatte), unter Karajans musikalischer Leitung, mit Barbra Streisand in der Titelrolle sowie zehn Millionen Dollar von Laurentiis. Bergman: *Mit Lehárs Musik muß man sehr vorsichtig umgehen, sie ist pures Gold!*[218] Laurentiis wird an solcher Zuversicht seines Regisseurs gezweifelt haben –

aus diesem Projekt ist so wenig etwas geworden wie aus einem *Das Schlangenei* thematisch näheren: dem Remake eines deutschen Stummfilmklassikers, Robert Wienes «Das Kabinett des Dr. Caligari».

Wie hätte all dies gelingen sollen bei einem Regisseur, der wie kaum ein anderer «äußerlich der Enge bedarf, um innerlich ins Weite zu gehen»[219]? Zurückgekehrt in eine solche Enge und in der Nähe der Orte, deren Anziehungskraft stärker sein muß als der Wille, schlimmste Kränkungen niemals zu verzeihen, dreht Bergman 1977/78 in Norwegen *Herbstsonate*.

In diesem Film nimmt er ein wesentliches Motiv aus *Wie in einem Spiegel* auf – das Motiv vom Künstler, der sich in einem nicht aufhebbaren Widerspruch befindet: er kann schöpferisch tätig sein, wenn er sich von den Ansprüchen seiner Familie distanziert, er verlangt andererseits danach, von menschlicher Wärme umgeben zu werden, um schaffen und seine Geschöpfe mit Leben füllen zu können. Eng verknüpft mit dieser Problematik war in *Wie in einem Spiegel* die Geisteskrankheit als extremste Reaktion auf fehlende Zuneigung. Erneut nennt Bergman das, was eine Beziehung menschlich macht, Liebe – *Liebe als unsere einzige Chance zu überleben*. Das Verhältnis des Künstlers zu seinen Kindern und das des Vaters zum Sohn im besonderen war einer der thematischen Schwerpunkte in *Wie in einem Spiegel*. Diesmal konzentriert sich Bergman auf einen solchen Generationskonflikt, und zwar im Verhältnis von Mutter und Tochter; ein Verhältnis, das ihm nicht nur innerhalb der Künstlerproblematik als ein sehr komplexes erscheint, es sei *von allen menschlichen Beziehungen... zweifellos die geheimnisvollste, komplizierteste und emotionsgeladenste*[220].

Nach dem Tod ihres Lebensgefährten folgt die gefeierte Pianistin Charlotte einer Einladung ihrer Tochter Eva, die mit ihrem Mann, einem Pfarrer, und ihrer unheilbar kranken Schwester Lena in einem Dorf in Norwegen lebt. Sieben Jahre haben sich Mutter und Tochter nicht gesehen; doch nach der ersten Freude des Wiedersehens begegnen sie sich zu einer Aussprache, in der Eva ihrer Mutter vorwirft, ein Leben auf Kosten ihrer Kinder geführt zu haben. In dieser Auseinandersetzung wird das Ausmaß deformierter Gefühle deutlich und das der Opfer, die die Kinder bringen mußten: Sprachlosigkeit bei Lena, Gefühllosigkeit bei Eva.

Charlotte scheint die Schuld am Unglück ihrer Kinder zu erkennen, sie weiß sich jedoch zu rechtfertigen. Am Ende von *Wie in einem Spiegel* war ein erster Schritt getan beim Versuch, miteinander ins Gespräch zu kommen. In *Herbstsonate* erfolgt der nächste Schritt: die Aussprache wird zur zentralen Szene des Films. Wieder überprüft Bergman die vage Hoffnung am Schluß eines früheren Films auf ihre Berechtigung: das Gespräch bringt Mutter und Tochter n i c h t näher. Charlotte reist überhastet ab. Und erneut wird am Ende Hoffnung als eine Möglichkeit angedeutet – in einem Brief an ihre Mutter schreibt Eva: *Ich gebe nicht auf, selbst wenn es zu spät sein sollte.*[221]

Der neue Film von INGMAR BERGMAN
Herbstsonate
mit INGRID BERGMAN und LIV ULLMANN

Von der Inhaltsangabe her könnte der Film als Beitrag gegen die Emanzipation der Frau verstanden werden – nach dem Motto: «Eine Frau gehört zu ihrem Kind und nicht in den Konzertsaal.»[222] Doch Bergman sieht beide Frauen kritisch, und er sieht beide gleichermaßen als Opfer, als im *kalten Schoß getragene und mit Abscheu hinausgestoßene* Wesen. Charlotte: *...ich hatte tatsächlich keine Ahnung von all dem, was Liebe bedeutet: Zärtlichkeit, Berührung, Nähe, Wärme.*[223] Einst hatte sie sich entschieden, bei ihrer Familie zu bleiben – aber die Kinder empfanden ihre Anwesenheit als Hölle so wie ihre Abwesenheit. Bergman geht es um die Deformiertheit von Gefühlen, und anschaulicher als am Verhältnis zwischen Vater und Sohn läßt sich der Grad dieser Deformiertheit am Verhältnis von Mutter und Tochter ermessen, sind es für Bergman bisher doch die Frauen, die den Erhalt der Gefühlswelt garantieren.

Mit der Darstellung der Beziehung des Dichters David zu seinen Kindern hatte sich Bergmans Interesse innerhalb der Künstlerproblematik verschoben: der Grundkonflikt Künstler–Gesellschaft war deutlicher in den privaten Bereich eingedrungen, er hatte in der Familie eine Entsprechung gefunden. Dies bedeutete zugleich eine engere Verknüpfung der

Künstlerproblematik mit der Thematik der gestörten Kommunikation. Diese wiederum wurde zur eigentlichen Hauptsache, innerhalb derer die Tätigkeit des Künstlers als verzweifelter Versuch der Kompensation verlorengegangener Gemeinschaft erschien.

Wieder hat Bergman die eigenen Erfahrungen zur verallgemeinernden Zustandsbeschreibung verarbeitet, denn wie wenige Künstler seiner Zeit hat er den Gegensatz zwischen schöpferischer Arbeit und Privatleben als Liebhaber, Freund, Ehemann, Vater stets aufs Neue erfahren. Warum sie nicht zu Hause bliebe, bei Mann und Kindern, statt sich *diesen ewigen Erniedrigungen auszusetzen*, wird Charlotte gefragt, und sie sucht nach Antworten: *...ich sehne mich immer nach Hause, aber wenn ich nach Hause komme, weiß ich, daß es etwas anderes sein muß, nach dem ich mich sehne... Nur in der Musik fand ich eine Möglichkeit, meine Gefühle zu äußern.*[224] Bergman antwortet auf die Frage, warum er noch künstlerisch tätig ist: *Wenn man, wie ich, relativ verschlossen, schüchtern und ungehobelt ist, jemand, dem es schwerfällt, tiefere Kontakte herzustellen, dann ist es wunderbar, in einem Kollektiv von Filmleuten zu leben... oder in einem Theaterkollektiv... Denn es gibt dann nur eins, was zählt, man geht ganz darin auf.*[225]

Ingmar Bergman hat sich immer zugunsten seiner Kunst entschieden; wenn wir wie in *Herbstsonate* im Unterschied zu den Geschöpfen Davids dennoch Menschen aus Fleisch und Blut erleben, so vielleicht deshalb, weil sie nicht beliebige Phantasieprodukte sind, sondern im wesentlichen das Umfeld der von ihm erlebten Spannungen repräsentieren. Diese zu gestalten ist seine Stärke als Autor – was nicht bedeuten muß, daß die Figuren in *Herbstsonate* in jeder Hinsicht zu überzeugen vermögen. In den zentralen Gesprächsszenen versucht Bergman an die Dialektik von innerer und äußerer Rede der *Szenen einer Ehe* anzuknüpfen. Ingrid Bergman gestaltet, vier Jahre vor ihrem Tod, eine ihrer beeindruckendsten Rollen. Die Bedeutung einzelner Schauspieler für Bergman bereits im Drehbuch-Stadium ist betont worden; so hatte er in der Zeichnung einer Künstlerin, die um der Karriere willen ihre Kinder vergißt, den schwedischen Star im Sinn. Wie sehr Ingrid Bergman dies gespürt haben muß und sich daher gegen ihre Rolle gewehrt hat, davon legen ihre Erinnerungen beredtes Zeugnis ab.[226] Auch Liv Ullmanns Rolle zeigt deutlichere Übereinstimmungen mit dem eigenen Leben als in anderen Bergman-Filmen. Sie hat keinen leichten Part als altjüngferliche Pfarrersfrau, die in Gegenwart der Mutter zum schüchternen Mädchen wird – in der Szene, in der ihr der Unterschied zwischen Gefühl und Sentimentalität einer Chopin-Interpretation erklärt wird, gelingt ihr das ausgezeichnet. Nimmt man jedoch *Szenen einer Ehe* zum Maßstab, erscheinen manche ihrer Auftritte als bloße Manier. Verstärkt wird ein solcher Eindruck durch die Überfrachtung mit Spiegelungen der Liebesunfähigkeit der Hauptfigur. Nicht zu Unrecht urteilt ein Kritiker, *Herbstsonate* sei ein

Film, «der manchmal so aussieht, als habe ihn ein besonders brillanter Bergman-Parodist gedreht»[227].

Immerhin zeigt der Film Bergmans Sinn für ironische Selbstkritik – Charlotte liest einen Krimi: *«Mit stummer Würde bot sie ihm die rote Blume ihrer Unschuld»... Gott, was für ein Schwulst!*[228] Als Bild des Krimiautors erscheint auf dem Buch das Konterfei des Filmautors.

Wieder daheim

Bevor sich Bergman 1981 endgültig mit Schweden aussöhnt, kehrt er des öfteren auf seine Insel zurück. Bereits im Herbst 1977 beginnt er dort mit Aufnahmen zu seinem zweiten *Fårö-Dokument*. Im Sommer 1978 feiert er auf Fårö seinen 60. Geburtstag – im Kreise der Familie. Johan habe kein Interesse an seinen Kindern, sagt Bergman von seinem Helden der *Szenen einer Ehe*, er *hat vor seinen Kindern Angst, denn er will ja selbst Kind sein*[229]. Der Kontakt Bergmans zu einigen seiner Kinder war seit vielen Jahren unterbrochen. Jetzt lädt er alle Söhne und Töchter ein, acht aus den früheren Ehen und vier Stiefkinder aus der 1971 geschlossenen fünften Ehe mit der Kunsthistorikerin Ingrid von Rosen. Der Profession des Vaters am nächsten stehen die Kinder aus den Ehen mit Ellen Lundström und Käbi Laretei: Eva beginnt als Dramaturgin am Nationaltheater, zuletzt leitet sie das Ensemble in Göteborg; die Zwillinge Anna und Mats arbeiten als Schauspieler; der 25jährige Daniel debütiert 1988 als Spielfilmregisseur mit einer Kinoadaption der Lindgren-Erzählung «Gute Nacht, Herr Landstreicher». Daniels kleines Kammerspiel für Kinder läßt sehr viel Feingespür für «Zwischentöne» erkennen – der begabte Schüler des Meisterregisseurs verfilmt 1992 höchst selbstbewußt das Drehbuch des Vaters über das achtjährige Kind Ingmar.

Daniel als Hospitant sowie Anna und Mats als Darsteller wirken mit im letzten Kinofilm Ingmar Bergmans, einer Huldigung an das Kindsein.

Mit der Verfilmung seines Romans *Fanny och Alexander* (*Fanny und Alexander*) schöpft Bergman noch einmal aus dem vollen: mit sechs Millionen Dollar einer internationalen Koproduktion, multimedial für Kino und Fernsehen mit großer Besetzung, aber mit vertrauten Gesichtern und in vertrauter Umgebung inszeniert er, als sei es das letzte Mal, sein Thema vom Kampf zwischen den Realitäten bürgerlichen Seins und dem schönen Schein der Kunst. Er schwelgt in Feiern der Freude, der Trauer und wieder der Freude, in Ritualen, starken Gefühlen, Träumen, Visionen und nicht zuletzt in dekorativen Interieurs.

Zwei grundverschiedene Welten läßt Bergman gegeneinander antreten, und er spricht von diesem Kampf *als einer Liebeserklärung an das Leben*[230]. Doch wie ginge dies ohne den Sieg einer der beiden Kontrahen-

Der Regisseur und sein Kameramann: Ingmar Bergman und Sven Nykvist

ten: am Ende siegt die Kunst sehr deutlich – die Phantasie, genau genommen. Die eine Welt, das ist die Großfamilie Ekdahl. Wir lernen sie kennen, als sie im Jahre 1907 Weihnachten feiert – und wie sie feiert! 90 Minuten dürfen wir ihr dabei zusehen. Die Ekdahls sind Großmutter Helena und ihre drei Söhne mit ihren Familien – und dem dazugehörigen Personal. Oscar, der Vater von Fanny und Alexander, ist Direktor des Theaters, er gilt als schlechter Schauspieler, liebt aber seine Bühne über alles. Seine Brüder, Gastronom der eine, Professor der andere, lieben dagegen die Sinneslust, sexuelle Abenteuer und den Alkoholrausch – und dies um so eher, als sie niemandem mehr die Rolle der integren Familienväter vorspielen müssen, jeder kennt ihre Laster – und verzeiht. Bergmans Sympathie gehört der g a n z e n Familie, ihrer heimeligen Plüschidylle, ist sie doch die heile Welt Alexanders.

Zu ihr in scharfem Gegensatz erleben wir die Welt des puritanischen Bischofs Vergérus – das neue Zuhause Fannys und Alexanders nach dem Tod ihres Vaters. Wie dort Einbildung und Sinnesfreude, so herrschen in dieser Welt die Apostel der Moral, die jede Lüge der Kinder grausam zu strafen wissen im Namen der Frömmigkeit – einer Frömmigkeit, die als eigentliche Lüge entlarvt wird, da ihr einziger Zweck darin zu bestehen scheint, ein zweites Leben voller Menschenverachtung zu kaschieren.

«Fanny und Alexander»: Im Haus des Bischofs

Auf der Seite des Ekdahls sind das Reich der Kinder, das Reich der Theaterleute und des mit ihnen befreundeten jüdischen Mystikers Jacobi: dort bekennt man sich zur Lüge, weil sie Vergnügen bereitet und nicht einfach zu trennen ist von der Wahrheit (Ekdal ist der Name, den die Familie in Ibsens Spiel der Lebenslügen trägt; 1972 hatte Bergman «Die Wildente» am Dramaten inszeniert).

Traum gegen Alptraum – mit deutlichem Vergnügen variiert Bergman diesen Gegensatz stets auf neue: psychologisch nuanciert, aber auch in schönster Schwarz-Weiß-Malerei; episch-breit, sodann dramatisch zugespitzt und überspitzt; als Oper, Posse, Märchen, als realistischer Roman in der Art Charles Dickens' und als «Hamlet»-Spiel auf und hinter der Bühne (auch der Theaterregisseur Bergman wird sich, ans Stockholmer Schauspielhaus zurückgekehrt, dieser Shakespeare-Figur annehmen).

Ans Märchen insbesondere erinnert der Weg von Fanny und Alexander aus der Geborgenheit um die Großmutter ins Hexenhaus des Stiefvaters und zurück nach Hause, nachdem sie sich aus dem todbringenden Gefängnis hatten befreien können – wie anders als dadurch, daß der Bösewicht dem Feuer übergeben wurde: in Gedanken oder tatsächlich. Endlich daheim wird alles gut: Mutter gibt die gesicherte Existenz auf und wird wieder Theater spielen, zusammen mit Großmutter – in Strindbergs «Traumspiel» zur feierlichen Wiedereröffnung ihrer Bühne.

Ingmar Bergman beherrscht etliche Stilarten – und ihre Vermischung schadet dem Filmganzen durchaus nicht. Er selbst begründet diesen Wechsel der Stile mit dem Grundkonzept des Films, wonach er *einer riesigen Wandfläche* gleichen soll, *die mit Bildern vollgehängt ist, und wo man sich aussuchen kann, was man ansehen will*[231]. Wie die Stile wechselt Bergman auch die Perspektiven der Erzählung. Viele Szenen sind aus der Sicht Alexanders gesehen. Anders als der Titel verspricht, spielt Fanny nur eine Nebenrolle – Alexander steht im Mittelpunkt. Mit seinen Augen der Imagination gesehen wird Totes lebendig und Lebendes stirbt und scheinbar Kompliziertes wird selbst-verständlich. Mit dem verklärenden Blick des Zehnjährigen läßt der vierundsechzigjährige Regisseur die Jahre der Kindheit Revue passieren. Zusammen mit ihm können es die vielen Zuschauer, die überrascht, gerührt oder verzaubert feststellen, wie sich über Zeiten und gesellschaftliche Unterschiede hinweg Grunderfahrungen gleichen.

Fanny und Alexander ist ein Film, der eine Fülle von Bergman-Themen und -Personal enthält – und dennoch kein typischer Bergman-Film ist. *Tiere und Kinder auf der Bühne oder im Film ist fast unmöglich.*[232] So begründete Bergman noch die Abwesenheit der Kinder in *Szenen einer Ehe*. Bedeutender aber als die späte Überwindung dieser Schwierigkeit (er plant sogar die Verfilmung von Astrid Lindgrens «Kinder aus der Krachmacherstraße») ist der Optimismus in der Erzählhaltung, eine Versöhnlichkeit bis zur Idyllisierung, wie sie bei Bergman nur in seiner *Zauberflöte* zu finden war. Es ist gewiß auch diese Art Lebensfreude, die mit einem wahren Preissegen belohnt wird (am spektakulärsten darunter die Auszeichnung mit vier Oscars). Ob allerdings mit Preisen ein «rosafarbener» Bergman gegen einen «schwarzen» ausgespielt werden soll, darüber zu spekulieren ist müßig zu einem Zeitpunkt, an dem dieser Filmemacher immer auch für sein gesamtes bisheriges Schaffen gewürdigt wird. Und eine solche Würdigung ist angemessen anläßlich dieses mehrdimensionalen Spiels um Alexander zwischen Tod und Wieder-Geburt, das vermutlich so zahlreiche Zuschauer wie selten zuvor davon überzeugt, daß der Film *als Umschlagplatz der geheimen Träume und Wünsche und Hoffnungen der Menschen immer weiterbestehen wird; denn es gibt kein besseres Medium*[233].

Es gibt kein besseres, aber auch kein Medium, das so viel Kraft kostet! Wenn Bergman 1983 seinen Abschied vom Kino nimmt, beklagt er nebenbei, daß die Bedingungen, unter denen heute Kinofilme produziert werden, in technischer wie organisatorischer Hinsicht immer komplizierter werden und anstrengender – zu anstrengend jedenfalls für jemanden in seinem Alter. *Ich denke, es ist besser, an diesem Punkt, wo ich sehr zufrieden bin, aufzuhören.*[234]

Eine Entscheidung, die jedoch n i c h t gelten soll für die leichtere Fernseharbeit, aber auch nicht für den Schriftsteller und den Theaterregisseur Ingmar Bergman.

1985 zieht es Bergman noch einmal hin zu den Motiven und Figuren seines Kammerspiels *Wie in einem Spiegel*, zur schizophrenen Karin und dem hilflosen Arzt Martin: in dem Fernsehspiel *De twå saliga* (*Die Gesegneten*) gestaltet Bergman die Fähigkeit eines Mannes, in die Wahnwelt seiner psychisch schwerkranken Frau (erneut gespielt von Harriet Andersson) nachfolgen zu können, als einen Beweis absoluter Liebe. *Die Gesegneten* entsteht nach dem gleichnamigen Buch Ulla Isakssons. In den folgenden Jahren wird sich Bergman – neben der Theaterarbeit – ganz und gar auf seine eigene Welt konzentrieren, wie in *Fanny und Alexander* auf seine Familie, insbesondere auf seine Eltern, und zwar als Roman- und Drehbuchautor, Autobiograph und Fernsehregisseur.

1987 und 1990 erscheinen seine Lebenserinnerungen *Laterna Magica* und *Bilder*. In einem Rückblick auf sein kinematographisches Gesamtwerk, *Bilder*, korrigiert Bergman manche der im Jahr der Studentenrevolte 1968 getroffenen und im Interviewband *Bergman om Bergman* dokumentierten sehr kritischen Urteile über die eigenen Filme. In den Jahren 1989 bis 1994 verfaßt Bergman als Romancier und Szenarist ein dreiteiliges Porträt seiner Eltern. Mit der Inszenierung der Familienchronik für Bildschirm und Leinwand beauftragt er den dänischen Oscar-Preisträger Bille August, seinen Sohn Daniel sowie die mittlerweile zur Kinoregisseurin avancierte Liv Ullmann. Neben der Regie weist die Produktionsliste der Filme auch ansonsten nur skandinavische Mitarbeiter auf, darunter die engen Bergman-Vertrauten Katinka Farago, Max von Sydow und Sven Nykvist.

Im ersten Kapitel seiner fesselnden Trilogie über die eigene «Vorgeschichte» zeichnet Bergman ein Bild seiner Eltern am Beginn ihrer schwierigen Ehe bis zur Geburt des zweiten Sohnes; Bille August adaptiert Bergmans Vorlage sehr erfolgreich in sechs- bzw. dreistündigen Fernseh- und Kinofassungen: *Den goda viljan / Die besten Absichten* (1991/92). Im Mittelpunkt des zweiten Teils steht das spannungsgeladene Verhältnis des Kindes Ingmar zum Vater in der Provinz Dalarna im Sommer des Jahres 1926 (*Söndagsbarn / Sonntagskinder*, 1992 inszeniert von Daniel Bergman).

Zwei Jahrzehnte nach Entstehung seines Mutterporträts *Schreie und Flüstern* verfolgt Bergman die eher geheimen Spuren in Karins Tagebuch weiter und verdichtet sie zu einer subtilen Erzählung über die leidenschaftliche wie gewissensgeplagte Beziehung seiner Mutter zu einem jüngeren Liebhaber: *Enskilda samtal* (*Einzelgespräche*) erscheint 1994 als Roman und 1995 als Film in der Inszenierung Liv Ullmanns.

Bergmans Autobiographie *Laterna Magica* wird noch getragen von den traumatischen Nachwirkungen der unerbittlichen Aufzucht im Pastorenheim; gleichwohl verspürt der Leser das Bemühen eines selbstkritischen Autors, auch seinem Vater Gerechtigkeit widerfahren zu lassen, er versucht zumindest, ihn in dessen Haltungen und Handlungen besser als vordem zu verstehen. In seiner nuancenreichen Familienchronik schließlich charakterisiert er Eric zwar als einen Täter noch, vorrangig aber – und darin dem Mutterbildnis vergleichbar – als ein verzweifeltes Opfer unvorstellbarer berufsbedingter Belastungen – menschlicher wie sozialer Art. Bergman während der Arbeit an seinem Elternporträt: *Ich sehe verschiedene Gesichter hintereinander. Ich ähnele meinem Vater sehr, doch ähnele ich auch sehr meiner Mutter. Es könnte Mutter sein. Es könnte Vater sein. Doch es könnte auch ich sein...* [235]

Viele Jahre sind vergangen, seit Bergman und die bedeutendste Schauspielerin seines Ensembles getrennte Wege gingen – ihre erneute Zusammenarbeit mit gewandelten Rollen wirkt in der harten Welt der Kinoproduktion wie eine Erfolgsmeldung über den weiteren Werdegang Nora Helmers: Liv Ullmanns *Einzelgespräche* (der thematisch wie dramaturgisch anknüpft an Bergmans und Ullmanns größten gemeinsamen Leinwanderfolg, *Szenen einer Ehe*) ist nach «Sofie» und «Kristin Lavransdatter» bereits der dritte Frauenfilm, den der Kinostar h i n t e r der Kamera erarbeitet. Ihren Part der Nora vor Publikum hatte inzwischen die Dramaten-Schauspielerin Pernilla Östergren übernommen, nämlich in Bergmans Stockholmer Inszenierung des Ibsen-Klassikers im Jahre 1990. In *Fanny und Alexander* spielte Bergmans Entdeckung das Kindermädchen Maj; nunmehr wird sie sich überaus einfühlsam die Rolle der Anna Åkerblom, Bergmans Mutter Karin, anverwandeln, zuletzt in Liv Ullmanns Kinoinszenierung. Für ihre Leistung in Bille Augusts Film wird Pernilla Östergren (seit den Dreharbeiten verheiratete August) 1992 in Cannes als Beste Darstellerin gekürt. Und erneut gestaltet sie eine starke Frau der Åkerblom-Bergman-Ekdahl-Familie, als Bergman 1996 überraschenderweise zurückkehrt zur Filmregie und damit zum Kosmos von *Fanny und Alexander*, und zwar in einem Fernsehspiel über den verrückten Erfinder und Urinomanen Onkel Carl – Börje Ahlstedt verkörpert diese Rolle nunmehr zum viertenmal. *Larmar och gör sig till* lautet der Titel, der sich auf «Macbeth» bezieht: «Leben ist ein Märchen, das ein Verrückter spricht, voll Schall und Wut, und es bedeutet nichts» [236]. Bergman über den geliebten Narren: *Ich bewunderte ihn, weil er für meine Laterna Magica und meinen Kinematographen Erfindungen konstruierte...* [237]

Spiel ohne Ende

Wenn ich nicht schaffe, existiere ich nicht [238], klagte Bergman damals, als ihm die Steuerbehörden in Schweden die Arbeit unterbrachen; so verließ er sein Land, nur um wieder schaffen zu können. Die Stärke dieses schöpferischen Drangs läßt sich an der Statistik einer vierzigjährigen Produktionszeit ablesen: fast fünfzig Filme, ebenso viele Inszenierungen

Arbeit mit Kindern: mit Pernilla Alwin (Fanny) und Bertil Guve (Alexander), daneben Ewa Fröling und Sven Nykvist

von Hörspielen (auch eigene darunter), etliche Romane, Dramen, Drehbücher für andere Regisseure und über hundert Theaterinszenierungen.

Seine ersten Theaterarbeiten waren es gewesen, durch die Bergman auch in Filmkreisen auf sich aufmerksam machen konnte. Ende der vierziger, Anfang der fünfziger Jahre hatte der ehrgeizige Autodidakt den bisher als wenig bedeutend geltenden südschwedischen Bühnen ein beträchtliches Ansehen verschafft. Als seine eigentliche Stärke galt auch auf dem Theater die Arbeit mit den Schauspielern, das heißt ein gut zusammenwirkendes Team zu bilden und aus den einzelnen Mitgliedern all das an Talenten vorhandene scheinbar mühelos zum Vorschein bringen zu können. Zu einem Bühnenereignis des zeitgenössischen europäischen Theaterlebens überhaupt wird Bergmans Stockholmer «Hedda Gabler»-Interpretation von 1964 – die erste von bislang dreien (London 1968, München 1979), eine stilbildende Regieleistung, gekennzeichnet durch strenge Reduktion der Bühnenmittel und höchste Konzentration auf das Ausdrucksvermögen der Darsteller.

Was den Theatermann über die «intime» Ensemblearbeit hinaus charakterisiert ist das auffallende Nebeneinander eines eher konservativen und eines – manchmal für Schlagzeilen sorgenden – reformerischen Zuges. Bergmans Vorliebe gilt den Klassikern; das sind, gereiht nach der Häufigkeit seiner Inszenierungen: Strindberg, Ibsen, Molière, Shakespeare, Hjalmar Bergman. Und der Regisseur traut dem Genie seiner Autoren mehr als dem eigenen; so verabscheut er die Eitelkeit vieler seiner Kollegen, sich zwischen Autor und Zuschauer zu stellen. Solcherart Gestaltungswillen zu unterdrücken, muß ihm jedoch weniger schwerfallen als diesen. Er brauche sich ja nicht selbst zu interpretieren, so der Theaterregisseur, das habe er genug in seinen Filmen getan.[239]

Im Theater, wie es Bergman versteht, ist der Autor also wichtiger als sein Inszenator, am wichtigsten aber sei das Publikum; im Hinblick auf den Zuschauer zeigt sich der Neuerer des Theaters besonders deutlich. Als Intendant der Bühne Dramaten suchte Bergman nach Wegen, breiteren Bevölkerungsschichten einen Zugang zum Theater zu verschaffen. *Das Theater wurde wie die Kirche ein Kulthaus, das von einer kleinen Minorität besucht wird.*[240] Konsequent forderte er mehr Geld für Gastspiele in der Provinz sowie in den Schulen und darüber hinaus die Garantie des Staates für den kostenlosen Besuch sämtlicher Vorstellungen. Bergman erhielt die Demission als Theaterchef – mit der wenig überraschenden Begründung, er sei für das Theater zu teuer. Als er zwei Jahre später als Regisseur mit Büchners «Woyzeck» ans Dramaten zurückkehrte, machte Bergman erneut auf sich aufmerksam als Anwalt des Publikums. Als einer der ersten setzte er die Öffentlichkeit von Proben durch (mit dem Recht der Besucher zur Kritik) – nach dem Motto: *Schauspieler spielen weniger fürs Publikum als mit dem Publikum.*[241]

Noch im hohen Alter scheint der Elan des unter Hüftschmerzen leidenden Theaterenthusiasten keineswegs zu erlahmen; selbst vor einem Zer-
würfnis mit dem eigenen Ensemble scheut er nicht zurück, wenn er die
Qualität seiner Produktionen gefährdet wähnt: so verfügt er 1996 kurzer-
hand die Absetzung eines lange geplanten Gastspiels seiner Inszenierung
von Molières «Menschenfeind» in New York mit der skandalträchtigen
Begründung, die Leistung der Schauspieler entspreche nicht den Stan-
dards internationaler Aufführungen.

Strindberg-Dramen stehen weit an der Spitze von Bergmans Auffüh-
rungsliste – und von ihnen wiederum «Ein Traumspiel». Diesen Alptraum vom irdischen Dasein inszenierte Bergman in Stockholm, München und einmal für das Fernsehen. Einst hatte sich der zwölfjährige Ingmar von einer Dramaten-Produktion gefangennehmen lassen bis hin zu
Fieberausbrüchen – Abend für Abend, über zwanzig Vorstellungen lang.
Mit den einleitenden Sätzen des «Traumspiels» am Schluß von *Fanny und
Alexander* beendete er seine Arbeit für das Kino – seine große Leidenschaft. An ein Ende der Theaterarbeit, seiner eigentlichen Profession,

Erland Josephson und Lena Olin in «Nach der Probe» (1983)

Ingmar Bergman

wie er sie manchmal nannte[242], mag er nur ungern denken. Voller Wehmut sieht er auf das Alter, das seinem Schaffen eine Grenze setzen wird:
in einem Fernsehspiel.

In *Efter repititionen* (*Nach der Probe*) hält ein alternder Regisseur
Rückschau auf sein Leben für das Theater. Er inszeniert gerade – wie
sollte es anders sein – «Ein Traumspiel». Nach der Probe nehmen er, der

den Namen des Magiers aus *Das Gesicht* trägt, Vogler, und zwei seiner Schauspielerinnen ihre Masken ab, um nun – ganz privat – auch nur ihre Rollen zu spielen, in einem anderen Spiel, in dem erneut die eine Wirklichkeit in die andere übergeht. Vogler: *Für mich ist d as das Schönste: ein Tisch – ein Stuhl – Leinwand, sonst leere Bühne – Arbeitslicht – Schauspieler in Privatkleidung – Bewegung, Stimmen, Gesichter – Stille – Verzauberung, alles stellt etwas dar, nichts ist wirklich.*

So läßt Bergman noch einmal die Welt des August Strindberg und die des Ingmar Bergman ineinanderfließen, um dort zu sein, wo *die Toten nicht tot sind und die Lebenden wie Gespenster wirken*[243]. Regiearbeit ist Spiel, und Spiel ist Leben. Regiearbeit, sagt Bergman, das sei wie ein Instinkt, so total in jede Zelle seines Körpers integriert, daß, würde man sie von ihm abziehen, *praktisch nichts mehr übrig bliebe*[244].

Doch das Spiel ist ohne Ende, und *Zeit und Raum existieren nicht. Auf einem unbedeutenden Grund der Wirklichkeit spinnt die Einbildung weiter und webt neue Muster.*[245]

Anmerkungen

Abkürzungen: IB = Ingmar Bergman, DP = Dialogprotokoll, DPS = Dialogprotokoll der deutschen Synchronfassung

1 IB u. a.: Bergman über Bergman. Interviews mit IB über das Filmemachen. München 1976. S. 24
2 IB im Gespräch mit E. Riffe (d. i.: IB) in: Expressen (Stockholm) v. 25. 9. 1968
3 IB: Rede zur Verleihung des Goethe-Preises. In: Frankfurter Rundschau v. 30. 8. 1976
4 Ebd.
5 IB im Gespräch mit J. Simon. In: J. Simon: IB directs. New York 1972. S. 24
6 Bergman über Bergman, a. a. O., S. 24
7 M. Höök: IB. Stockholm 1962. S. 20
8 Bergman über Bergman, a. a. O., S. 18
9 IB in: Expressen v. 18. 2. 1974, zit. n. M. Bergom-Larsson: IB and Society. London/New York 1978. S. 14
10 Vgl. z. B. M. Drouzy: Barnet i klaedeskabet. In: Kosmorama Nr. 137, Kopenhagen 1978
11 IB in J. Donners Dokumentarfilm «Tre scener med IB», zit. in: J. Donner: IB on His Childhood. In: Swedish films. Stockholm 1976. S. 16
12 Ebd.
13 IB in: Expressen, a. a. O.
14 IB im Gespräch mit J. Szostack, Aspekte (ZDF) v. 25. 5. 1976
15 Vgl. z. B. M. Höök u. M. Bergom-Larsson, a. a. O.
16 Vgl. J. Donner, a. a. O., S. 17 f
17 IB im Gespräch mit J. Hembus v.

18. 12. 1979. In: Das Fernsehspiel im ZDF, Nr. 30. Mainz 1980. S. 34
18 Ebd.
19 L.-E. Kjellgren, zit. n. P. Cowie: IB. A Critical Biography. New York 1982. S. 20
20 Zur Bedeutung von *Kaspers död* als «Bergman-Kosmos» vgl. V. Young. Cinema Borealis. New York 1971. S. 14 f. Zu der für viele Bergman-Stücke typischen spannungsschwachen Dramaturgie einer wortreichen (Selbst-)Erklärung der Figuren vgl. B. Steene: IB. New York 1968. S. 25 f
21 Er verfilmt zwei Drehbücher IBs; vgl. Filmographie im Anhang
22 U. Gregor u. E. Patalas: Geschichte des modernen Films. Gütersloh 1965. S. 69
23 IB: Det att göra film (Filmemachen). Stockholm 1958. S. 8
24 So die Titelübersetzung des Schauspiels des Dänen Leck Fischer, das IB verfilmt hat
25 IB: Hamnstad (DP)
26 Bergman über Bergman, a. a. O., S. 44
27 Ebd., S. 19
28 IB: Skepp till Indialand (DP)
29 IB: Fängelse
30 Vgl. J. Béranger: La grande aventure du cinéma Suedois. Paris 1960, S. 271
31 Bergman über Bergman, a. a. O., S. 54

32 P. Cowie: Sweden 2. London/New York 1970. S. 108

33 V. Young, a. a. O., S. 65

34 IB: Durst (DPS)

35 Ebd.

36 Vgl. F. Truffaut: Die Filme meines Lebens. Aufsätze und Kritiken. München, Wien 1976. S. 191

37 IB: Von Angesicht zu Angesicht. Hamburg 1976. S. 98

38 IB in: Der Mittag (Düsseldorf) v. 20. 10. 1953

39 Vgl.: Der Spiegel v. 18. 7. 1951

40 M. Höök, a. a. O., S. 52

41 IB: Filmemachen, a. a. O., S. 3

42 Ebd.

43 Bergman über Bergman, a. a. O., S. 61

44 IB im Gespräch mit A. Alvarez. In: Tages Anzeiger (Zürich) v. 20. 3. 1976

45 IB, zit. n. H. Lange-Fuchs: Der frühe IB. Lübeck 1976. S. 139

46 IB, ebd.

47 IB: Till glädje. Zit. n. P. Cowie: IB, a. a. O., S. 82

48 IB: Filmemachen, a. a. O., S. 1

49 IB in einer Pressekonferenz in Venedig im Sept. 1983. Zit. in: filmbulletin Nr. 133 (Zürich) v. Dez. 1983

50 Auch wenn sich IB später von der von ihm so verstandenen *sadomasochistischen* Glaubenshaltung Dreyers distanziert, von dessen *entsetzlich genießender Beschreibung des «Leidens um des Leidens willen»* (IB in J. Béranger: IB et ses films. Paris 1959. Zit. in: J. Donner/G. Braucourt: IB Paris 1973. S. 188)

51 J. Siçlier: IB. Hamburg 1965. S. 29

52 H. Schein: Persönliche Notizen eines Freundes. In: Festschrift anläßlich der Verleihung des Goethe-Preises an IB. Frankfurt 1976

53 J.-L. Godard: Bergmanorama. In: Cahiers du Cinéma Nr. 85 (1958)

54 Bergman über Bergman, a. a. O., S. 77

55 IB zit. in: E. Andersen: Produktionshandbuch zu IB «Von Angesicht zu Angesicht». Hamburg 1976. S. 200

56 Bergman über Bergman, a. a. O., S. 91

57 J. Donner z. B. untersucht IBs Natursymbolik in der Tradition der schwedischen Literatur (vgl. J. Donner: Djävulens Ansikte, IBs filmer. Stockholm 1962. S. 61 f. Vgl. auch die Zusammenstellung in: H. Lange-Fuchs, a. a. O., S. 165 f)

58 M. Höök, a. a. O., S. 75 u. J. Donner, a. a. O., S. 71

59 IB in: F. Billquist: IB – teatermannen och filmskaparen. Stockholm 1960. Zit. n. H. Lange-Fuchs, a. a. O., S. 168

60 Bergman über Bergman, a. a. O., S. 65 f

61 IB: Sehnsucht der Frauen (DPS)

62 Ebd.

63 Ebd.

64 M. Höök, a. a. O., S. 84

65 Bergman über Bergman, a. a. O., S. 70

66 Ebd., S. 87 f

67 IB zit. n. H. Lange-Fuchs, a. a. O., S. 193

68 H.-H. Kirst: Verliebt, verwahrlost und verloren. In: Münchner Merkur v. 24. 10. 1953

69 J.-L. Godard, a. a. O.

70 Bergman über Bergman, a. a. O., S. 64

71 IB: Menschenjagd. Zit. in: F. Isaksson u. L. Fuhrhammar: Politik und Film. Ravensburg 1974. S. 241

72 Vgl. Monthly Film Bulletin v. Jan. 1953

73 Bergman über Bergman, a. a. O., S. 63

74 Bergman über Bergman, ebd.

75 Ebd., S. 81

76 Ebd., S. 80

77 IB: Jeder Film ist mein letzter Film. In: T. Kotulla (Hg.): Der Film. Bd. 2. München 1964. S. 246 f

78 Vgl. M. Höök, S. 104 f

79 IB: Abend der Gaukler (DPS)

80 Bergman über Bergman, a. a. O., S. 94 u. 95

81 Vgl. ebd., S. 100 u. Cahiers du cinéma Nr. 85, a. a. O.

82 Bergman über Bergman, a.a.O., S. 98. – P. Cowie vermutet, die unerwartete Ablehnung des Films bedeutete für Bergman ein traumatisches Erlebnis vergleichbar nur seinen Erfahrungen im Zusammenhang mit der Steueraffäre 1976; a.a.O., S. 119

83 Truffaut, a.a.O., S. 189

84 IB: Lektion i kärlek (DP)

85 Bergman über Bergman, a.a.O., S. 122

86 Ebd., S. 119

87 Ebd., S. 118f

88 M. Höök, a.a.O., S. 111

89 IB: Das siebente Siegel. Cinemathek Nr. 7. Frankfurt 1967. S. 7

90 Bergman über Bergman, a.a.O., S. 139

91 IB: Das siebente Siegel, a.a.O.

92 Ebd.

93 Bergman über Bergman, a.a.O., S. 140

94 IB: Das siebente Siegel, a.a.O., S. 21

95 Ebd., S. 56

96 Sch. (d.i. Erwin Schaar) in: Blätter für das Filmgespräch Nr. 13. München 1963

97 Bergman über Bergman, a.a.O., S. 153

98 Vgl. z.B. R. Richter: Abstraktheit als Prinzip. In: H. Herlinghaus u.a. (Hg.): Filmwissenschaftliche Mitteilungen Nr. 3/4. Berlin-Ost 1966

99 IB: Jeder Film ist mein letzter Film, a.a.O., S. 244

100 Ebd.

101 S. Nykvist zit. n. J. Donner: Sven Nykvist. Cinematographer. In: Swedish films. Stockholm 1974. S. 24

102 IB: Jeder Film ist mein letzter Film, a.a.O.

103 IB im Gespräch mit P. Cowie. In: Die Tat (Zürich) v. 1.3.1969

104 F. Schiller: Was kann eine gute stehende Schaubühne eigentlich wirken? In: F. Schiller: Werke Bd. 4, Schriften. Frankfurt a.M. 1966. S. 14

105 So in Dagens Nyheter und Stockholms Tidningen v. April 1958

106 «Paradistorg» («Ein Paradies») entsteht 1976, wie *Dem Leben nahe* nach einem Stoff von U. Isaksson. Gemeinsamkeiten mit *Dem Leben nahe* wies auch der 1964 entstandene Film «Älskande par» («Liebende Paare») von Mai Zetterling auf; in der Sicht der Frau als Opfer des Mannes einerseits, ihrer Bestimmung durch die Natur andererseits stand die Regisseurin noch im Banne des männlichen Vorbilds

107 Bergman über Bergman, a.a.O., S. 138 u. 146

108 G. Schulte in: Allgemeine Zeitung (Hannover). Zit. n. Filmkritik Nr. 1. Frankfurt 1961. S. 63

109 Vgl. H. Höhn: Bergman-Kult in den USA. In: Frankfurter Rundschau v. 2.4.1960

110 Der Spiegel Nr. 44 v. 26.10.1960, S. 71

111 So in der Begründung der Beschlagnahmeorder des Amtsgerichts München gegen 16 m Film – laut Der Spiegel, a.a.O., S. 70

112 «Lipstick» (USA 1976) v. L. Johnson; «Hardcore» (USA 1978) v. P. Schrader

113 Bergman über Bergman, a.a.O., S. 143 u. 170

114 Ebd., S. 169

115 IB zit. in: Frankfurter Rundschau, a.a.O.

116 Zur Rezeption IBs durch die franz. Kritik vgl. J. Siçlier, a.a.O.

117 IB in: Chaplin Nr. 11. Stockholm 1960

118 Vgl. Time v. 14.3.1960

119 Bergman über Bergman, a.a.O., S. 188

120 IB: A Film Trilogy. London 1967. S. 60 u. 58

121 Der 1. Brief des Paulus an die Gemeinde in Korinth, Kap. 13/12, in: Das Neue Testament, übertr. v. J. Zink. Stuttgart 1965

122 Bergman über Bergman, a.a.O., S. 183

123 Ebd., S. 183, 188

124 Paulus, a.a.O.

125 So läßt IB in *Licht im Winter* den Or-

ganisten Blom die Quintessenz aus dem vorangegangenen Film kommentieren. Vgl.: A Film Trilogy, a.a.O., S. 103

126 Bergman über Bergman, a.a.O., S. 195

127 Vgl. W. Berghahn in: Filmkritik Nr. 3 1963 und P. M. Ladiges in: film Nr. 6. Velber 1964

128 S. Kierkegaard: Die Krankheit zum Tode. Werke IV. Reinbek 1962. S. 18

129 Wie M. Schlappner es behauptet in: Filme und Regisseure. Stuttgart o. J. S. 63 f

130 Kierkegaard, a.a.O., S. 65 f u. 73

131 A Film Trilogy, a.a.O., S. 104

132 Ebd., S. 4

133 Ebd., S. 78

134 Ebd., S. 4

135 K. Hebecker in: Süddeutsche Zeitung v. 26.11.1963

136 M. Ripkens in: Die Zeit v. 13.12.1963 und S. Lenz in: Christ und Welt v. 28.2.1964

137 IB: Das Schweigen. Cinemathek Nr. 12 Hamburg 1965. S. 50 u. 58

138 A Film Trilogy, a.a.O., S. 86

139 Bergman über Bergman, a.a.O., S. 203

140 Was im Drehbuch deutlicher wird als im Film: *HADJEK* wird im Film genannt, seine Bedeutung, *Geist*, aber nur im Drehbuch erklärt

141 Bergman über Bergman, a.a.O., S. 203

142 P. Cowie: IB, a.a.O., S. 196 u. 240

143 IB im Gespräch mit O. Hedlund. Zit. in: Stuttgarter Zeitung v. 15.11.1963

144 Filmmusik behält für IB diese sehr untergeordnete Funktion

145 Vgl. insbesondere R. Heynig: Bergmans «Schweigen» und unsere Tabus. In: Filmkritik Nr. 2. 1965. G. Theunissen: Das Schweigen und sein Publikum. Köln 1964

146 So wie in Schweden, aber im Unterschied zu Frankreich, Norwegen, Holland u. den USA z.B., wo sich der Film der Schere der Zensur unterziehen mußte – mit Einverständnis des Regisseurs im übrigen!

147 «Opus 3 – Anmerkung zu IB's neuestem Film.» Vorfilm v. H. Stempel u. M. Ripkens

148 Zit. aus: Filmkritik Nr. 1/1964, Die Welt v. 23.11.1963, Rheinische Post v. 25.1.1964

149 F. Everschor in Film-Dienst, zit. in: Atlas Filmverleih (Hg.): Das Schweigen. Duisburg o. J.

150 Bergman über Bergman, a.a.O., S. 202

151 Bergman über Bergman, a.a.O., S. 129 u. 179

152 IB im Gespräch mit P. Billard v. 31.1.1964. In: U. Gregor (Hg.), Wie sie filmen. Gütersloh 1966. S. 107

153 Ebd., S. 104 f

154 IB im Gespräch mit A. Alvarez, a.a.O.

155 Bergman über Bergman, a.a.O., S. 181

156 IB im Gespräch mit P. Cowie. In: P. Cowie: IB, a.a.O., S. 340

157 Bergman über Bergman, a.a.O., S. 144

158 IB im Gespräch mit J. Simon, a.a.O., S. 29

159 IB: The Snakeskin. In: IB: Persona and Shame. London 1972. S. 14 f

160 Bergman über Bergman, a.a.O., S. 241

161 Ebd., S. 220

162 IB im Gespräch mit J. Simon, a.a.O., S. 32

163 Vgl. C. G. Jung: Die Beziehungen zwischen dem Ich und dem Unbewußten. Zürich/Stuttgart 1966

164 Bergman über Bergman, a.a.O., S. 224

165 IB in: Cinéma 66 Nr. 111. Paris 1966

166 L. Bawden/W. Tichy (Hg.): Film-Lexikon. Reinbek 1978. S. 499

167 IB im Gespräch mit A. Alvarez, a.a.O.

168 IB im Gespräch mit R. Borgässer. In: Die Welt v. 11.9.1976

169 Vgl. E. Josephson im Gespräch mit L.-O. Löthwall. In: Swedish films. Stockholm 1984. S. 4 f

170 L. Ullmann: Wandlungen. Bern u. a. 1976. S. 276

171 IB zit. in: J. Béranger/F. Guyon: IB. Lyon 1969. S. 125

172 IB: Die Stunde des Wolfs (DPS)

173 Bergman über Bergman, a.a.O., S. 254 u. 251

174 Bergman on Bergman. London 1973. S. 236

175 Bergman über Bergman, a.a.O., S. 234

176 Ebd., S. 288

177 Zum kommerziellen Erfolg von IB-Filmen im Zeitraum von 1963–73 vgl. J. Donner u.a. (Hg.): Swedish films. Stockholm 1974

178 L. Ullmann, a.a.O., S. 138

179 Bergman über Bergman, a.a.O., S. 302

180 Thea Winkelman in: IB: Der Ritus (DPS)

181 Bergman über Bergman, a.a.O., S. 270

182 IB als Erzähler in: Fårö-Dokument (DP)

183 IB zit. in: Spandauer Volksblatt v. 1.7.1961

184 IB in S. Björkmans Dokumentarfilm «Bergman», zit. in: Bergman über Bergman, a.a.O., S. 305

185 IB in einer Diskussion in Sveriges Radio TV 2 v. 11.6.1973. Zit. in Bergman über Bergman, a.a.O., S. 318

186 L. Ullmann, a.a.O., S. 133

187 IB im Gespräch mit K. v. Faber. In: Hör Zu v. 29.10.1977

188 IB: Schreie und Flüstern, in: IB: Wilde Erdbeeren und andere Film-erzählungen. München 1977. S. 408

189 IB im Gespräch mit J. Sima. In: Expressen v. 5.3.1973. Zit. in: Bergman über Bergman, a.a.O., S. 311

190 IB im Gespräch mit C. Samuels. In: S. Kaminsky (Hg.): IB. Essays in Criticism. New York 1975. S. 112

191 IB, Schreie und Flüstern, a.a.O., S. 406

192 Ebd., S. 435

193 Ebd.

194 Dreyers «Ordet» entstand 1955;

Henning-Jensens «Winterbørn» 1978 und «Øjeblikket» 1980

195 F. Truffaut, a.a.O., S. 194

196 IB in einer Diskussion in Sveriges Radio TV 2, a.a.O., S. 315

197 IB im Gespräch mit A. Rühle, in: Münchner Merkur v. 26.2.1981

198 IB im Gespräch mit S. Björkman u.a., in: Chaplin Nr. 79/1968. Zit. in: Filmkritik Nr. 9/1968. S. 604

199 IB in: Swedish films. Stockholm 1976. S. 86

200 IB im Gespräch mit J. Hembus, a.a.O., S. 36

201 IB im Gespräch mit B. Reisfeld, in: Rheinische Zeitung v. 4./5.9.1971

202 IB in Sveriges Radio, a.a.O., S. 317

203 Ebd., S. 315

204 IB: Von Angesicht zu Angesicht. Hamburg 1976. S. 6f, 99

205 IB im Gespräch mit J. Hembus, a.a.O., S. 37

206 IB: Von Angesicht zu Angesicht, a.a.O., S. 7

207 IB im Gespräch mit J. Hembus, a.a.O., S. 35

208 Ebd.

209 IB: Aus dem Leben der Marionetten. Hamburg 1980. S. 84

210 IB im Gespräch mit J. Hembus, a.a.O.

211 Ebd.

212 IB im Gespräch mit C. Larass, in: Welt am Sonntag v. 8.2.1981

213 IB: Das Schlangenei (DPS)

214 Ebd.

215 Bergman über Bergman, a.a.O., S. 54

216 IB: Das Schlangenei, a.a.O.

217 H. Wendlandt in: AN (Frankfurt) v. 27.10.1977

218 IB zit. in: Saarbrückener Zeitung v. 24.6.1976

219 So Theodor Storm über den Weg seiner Kunst. In: T. Storm: Briefe II. Berlin/Weimar 1972. S. 227

220 IB zit. in: Der Spielfilm im ZDF Nr. 1. Mainz 1981. S. 6

221 IB: Herbstsonate. München 1980. S. 111

222 H. Karasek: Der Besuch der alten

Dame. In: Der Spiegel Nr. 43 v. 23.10.1978

223 IB: Herbstsonate, a.a.O., S. 85 u. 88

224 Ebd., S. 88 u. 104

225 IB im Gespräch mit S. Björkman, a.a.O., S. 307 f

226 Vgl. Ingrid Bergman: Mein Leben. Frankfurt/Berlin 1980. S. 446 f

227 H. C. Blumenberg: Katzenjammer. In: Die Zeit v. 27.10.1978

228 IB: Herbstsonate, a.a.O., S. 58 f

229 IB in einer Diskussion im ZDF v. 24.9.1976

230 IB in einer Pressekonferenz im Nov. 1980. Zit. in: Das Fernsehspiel im ZDF Nr. 47. Mainz 1984. S. 11

231 Ebd.

232 IB in einer Diskussion im ZDF, a.a.O.

233 IB im Gespräch mit S. Björkman, a.a.O., S. 308

234 IB im Gespräch mit T. Thieringer, in: Frankfurter Rundschau v. 3.1.1985

235 IB zum Projekt Die besten Absichten. Zit. in: ZDF Monatsjournal Nr. 11. Mainz 1993. S. 16

236 W. Shakespeare: Complete Works. O.O. 1968. S. 942

237 IB: Mein Leben. Hamburg 1987. S. 38

238 IB im Gespräch mit S. Schober, in: Der Spiegel Nr. 20/21 v. 17.5.1976

239 Vgl. IB im Gespräch mit I. Seidenfaden, in: AZ (München) v. 11.4.1979

240 IB zit. in: Der Tagesspiegel (Berlin) v. 11.4.1967

241 IB im Gespräch mit M. Glaser, in AZ (Wien) v. 20.6.1970

242 Zu IBs wechselnden Wertschätzungen vgl. V. Young, a.a.O., S. 6

243 IB: Nach der Probe (DPS)

244 IB im Gespräch mit S. Björkman, a.a.O., S. 308

245 IB zit. Strindberg. In: IB: Fanny und Alexander. München 1985. S. 235

Zeittafel

1918	14. Juli: Ernst Ingmar Bergman wird in Uppsala geboren als Sohn des Pastors Eric Bergman und seiner Frau Karin, geb. Åkerblom. – Mit den Geschwistern Dag und Margareta wächst er auf in der Gemeinde seines Vaters, im Stockholmer Stadtteil Östermalm
1934–1935	Aufenthalt für jeweils einige Sommerwochen als Austauschschüler in Deutschland
1937	Abitur; anschließend Militärdienst
1938–1940	Studium der Literatur- und Kunstgeschichte an der Stockholmer Universität
1938–1943	Inszenierungen an Stockholmer Amateurbühnen, und zwar der christlichen bzw. kommunalen Freizeitstiftungen Mäster Olofs-gården (1938–40) und Medborgarhuset (1941–42) sowie des Studententheaters (1940–43); u. a. bringt er hier 1942 sein erstes eigenes Stück zur Aufführung: *Kaspers död*
1943	Heirat mit Else Fischer
1943–1944	Inszenierungen am Dramatikerstudio des Kgl. Schauspielhauses
1944	Erste Verfilmung eines Bergman-Drehbuchs: *Hets* (Regie: Alf Sjöberg, Regieassistent: Bergman)
1944–1946	Leitet als jüngster professioneller Theaterchef Schwedens das Stadttheater in Helsingborg
1945	Heirat mit Ellen Lundström. – Inszeniert seinen ersten Film: *Kris*
1946–1949	Regisseur am Stadttheater in Göteborg (u. a. inszeniert er Camus' «Caligula» und seine eigenen Stücke *Dagen slutar tidigt* und *Mig til skräck*)
1946	*Det regnar på vår kärlek*
1947	*Skepp till Indialand* und *Musik i mörker*
1948	*Hamnstad* und erster Film nach eigenem Drehbuch: *Fängelse*
1949	*Törst* und *Till glädje*. Inszeniert für Sveriges Radio erstes eigenes Hörspiel: *Kamma noll*
1950	*Sommerlek* und *Sånt händer inte här*. Regisseur am Kammertheater in Stockholm (u. a. inszeniert er Brechts «Dreigroschenoper»)
1951	Heirat mit Gun Grut. – Dreht im Krisenjahr der schwedischen Filmindustrie Werbefilme für die Seife «Bris»
1952	*Kvinnors väntan* und *Sommaren med Monika*
1952–1959	Regisseur am Stadttheater in Malmö (u. a. inszeniert er Lehárs «Lustige Witwe» sowie seine eigenen Stücke *Mordet i Barjärna* und *Trämålning*)
1953	*Gycklarnas afton* und *En lektion i kärlek*
1954	*Kvinnodröm*
1955	*Sommarnattens leende*

1956	Die Auszeichnung von *Sommarnattens leende* in Cannes bereitet Bergman den Weg zur internationalen Anerkennung. *Det sjunde inseglet*
1957	Erste Fernsehinszenierung: Hjalmar Bergmans «Herr Schleman kommer». *Smultronstället* und *Nära livet*
1958	*Smultronstället* wird in Berlin mit dem Goldenen Bären ausgezeichnet. – *Ansiktet*
1959	Gastiert mit seinen Malmöer Inszenierungen von Hjalmar Bergmans «Sagan» in Paris und Goethes «Urfaust» in London. – *Jungfrukällan*. – Heirat mit Käbi Laretei
1960	*Jungfrukällan* erhält den Oscar als «bester ausländischer Film». – *Djävulens öga* und *Såsom i en spegel*
1960–1966	Regisseur am Kgl. Dramatischen Theater Stockholm Dramaten
1961	Inszeniert an der Kgl. Oper Stockholm Strawinskys «The Rake's Progress». – Arbeitet als künstlerischer Berater und vorübergehend auch als Produktionsleiter von Svensk Filmindustrie. – *Nattvardsgästerna*
1962	*Tystnaden*
1963	*För att inte tala om alla dessa kvinnor*
1963–1966	Direktor von Dramaten
1965	Auszeichnung mit dem Erasmus-Preis der Niederlande. – *Persona*. – Bergman verlegt seinen Hauptwohnsitz vom Stockholmer Vorort Djursholm auf die Ostseeinsel Fårö
1966	*Vargtimmen*
1967	*Skammen*
1968	Gründung der eigenen Produktionsfirmen Cinematograph AB (Stockholm) und Persona AG (Bern; 1974 aufgelöst und 1977 als Personafilm in München neu gegründet). – *Riten*. – Besucht Fellini in Rom: der Plan zu einem gemeinsamen Film entsteht (der sowenig wie spätere solcher Vorhaben realisiert wird). – *En passion*
1969	*Fårö-dokument*
1970	Inszeniert mit großem Erfolg Strindbergs «Traumspiel» am Dramaten (anschließend Gastaufführungen in Helsinki, Belgrad, Venedig und Wien). – *The Touch*
1971	Heirat mit Ingrid Karlebo verh. von Rosen. – *Viskningar och rop*
1972	*Scener ur ett äktenskap*
1973	*Sommarnattens leende* als Musical am New Yorker Broadway: «A little night music»
1974	*Trollflöjten*
1975	*Ansikte mot ansikte*. – Verleihung der Ehrendoktorwürde durch die Universität Stockholm
1976	Januar: Bergman wird unter dem Verdacht der Steuerhinterziehung verhaftet und verhört. – April: Verläßt Schweden. Aufenthalt in Frankreich, den USA, Dänemark, Norwegen und der BRD. – August: Erhält den Goethe-Preis der Stadt Frankfurt a. M. – September: Läßt sich in München nieder
1976–1977	*Das Schlangenei*
1976–1985	Regisseur am Münchner Residenztheater
1977	*Herbstsonate*
1977–1979	*Fårö-dokument 1979*
1978	November: Wird in der Steuerangelegenheit endgültig rehabilitiert
1979	*Aus dem Leben der Marionetten*

1981	30. April: Premiere dreier Inszenierungen: Ibsens «Nora», Strindbergs «Fräulein Julie» (Residenztheater) und Bergmans *Szenen einer Ehe* (Theater im Marstall)
1981–1982	*Fanny och Alexander*
1983	Erhält den Goldenen Löwen von Venedig für sein Gesamtwerk. – *Efter repetitionen*
1984	*Fanny och Alexander* wird mit vier Oscars ausgezeichnet
1985	*Dokument Fanny och Alexander.* – März: Auszeichnung als «Kommandant der Ehrenlegion» durch den französischen Staatspräsidenten Mitterand. Juni–September: Beendet mit Ibsens «John Gabriel Borkman» seine Arbeit am Münchner Residenztheater und kehrt mit Strindbergs «Fräulein Julie» ans Stockholmer Dramaten zurück.
1987	Bergman veröffentlicht seine Lebenserinnerungen *Laterna Magica*
1988	November: erhält den erstmals verliehenen Europäischen Filmpreis («Felix») für sein Lebenswerk. – Dezember: Verleihung der Ehrendoktorwürde durch die Universität Rom
1989	April: Bergman wird zum Präsidenten der Gesellschaft für den Europäischen Film gewählt (seit 1991 Europäische Filmakademie). – November: Verleihung des Sonning-Preises der Universität Kopenhagen für «Verdienste zum Nutzen der europäischen Kultur». – Eine Kinojury in Rom kürt *Smultronstället* zum «schönsten Film der Welt»
1989–1994	Bergman verfaßt als Roman- und Drehbuchautor eine dreiteilige Familienchronik: *Den goda viljan, Söndagsbarn, Enskilda samtal*
1990	Auszeichnung mit dem Spezialpreis des Prix Italia. – Bergmans autobiographischer Rückblick auf sein Filmschaffen erscheint: *Bilder*
1991	Bergman gehört zu den europäischen Preisträgern des 3. Prämium Imperiale, des japanischen «Nobelpreises der Künste». – 2. November: Uraufführung von Daniel Börtz' Musikdrama «Backanterna» an der Königlichen Oper Stockholm in der Inszenierung Bergmans
1992	Mai: Bille Augusts Leinwandadaption von *Den goda viljan* gewinnt in Cannes die Goldene Palme für den Besten Film. – Bergman entdeckt für sich die Werke eines schwedischen Filmpioniers: Georg af Klercker; der 1978 gestiftete postum an Klercker verliehene Ingmar-Bergman-Preis sowie der von Bergman verfaßte Einakter *Sista striket. En lätt tindat moralitet* über den gedemütigten Künstler af Klercker befördert die Rehabilitation eines «vergessenen» Bergman-Vorbildes
1995	April: Mit der Inszenierung von Euripides' «Die Bakchen» erklärt Bergman seine Theaterarbeit für beendet. – 20. Mai: Tod der Ehefrau Ingrid. – Juli–September: New Yorker Museen und Fernsehstationen präsentieren nahezu alle Werke Bergmans für Kino und Bildschirm; die Ehrung in den USA wird mit der Verleihung des Lillian-Gish-Preises gekrönt
1996/97	Das «Schloßkino» in Uppsala, in dem das Kind Ingmar vom Fieber für die «lautlosen Schatten» auf der Leinwand ergriffen worden war, wird unter Denkmalschutz gestellt; bis zum 80. Geburtstag des großen Sohnes der Stadt soll es durch Kinemathek, Bibliothek und Archiv erweitert werden zu einem Ingmar-Bergman-Zentrum. An «Verwahrung» im Museum mag der Hochgeehrte indes nicht denken – vielmehr sorgt er für eine Sensation in der Kinowelt: nach zwölfjähriger Unterbrechung setzt er seine Arbeit als Filmregisseur fort; in Stockholm entsteht eine Fortsetzung von *Fanny och Alexander*; in *Larmar och gör sig till* porträtiert Bergman das sonderlichste Mitglied seiner Familie, Onkel Carl.

Zeugnisse

François Truffaut
Mit seinen Filmen, deren Einfachheit uns immer von neuem überrascht, betrifft Ingmar Bergman meiner Meinung nach die größtmögliche Zahl von Zuschauern in einer größtmöglichen Zahl von Ländern.

«Cahiers du Cinéma», 1958

Jacques Siçlier
Wenn es das größte Drama der Bergmanschen Personen ist, zu leben, und ihr ausschließliches Bemühen dahin geht, das Glück zu finden, um der Einsamkeit zu entgehen, dann ist ihre vornehmste Zerstreuung, miteinander zu schlafen, weil sie so die Ewigkeit im Augenblick zu finden glauben.

«Ingmar Bergman», 1960

Marcel Reich-Ranicki
Ich protestiere gegen die deutsche Bergmanie. Man will aus diesem Regisseur einen Heiligen machen, einen Gottsucher, einen Seher, einen Propheten. Er ist aber nicht mehr und nicht weniger als ein hochbegabter, wenn auch sehr überschätzter, raffinierter und bisweilen zynischer Filmkünstler, ein Mann mit Routine und Instinkt für das Gängige. Nicht ihn muß man bekämpfen – nicht den Heiligen, sondern seine Narren.

«Die Zeit», 27. März 1964

H. C. Blumenberg
Bergman spricht, und Gott schweigt: das Erfolgsprinzip eines mittlerweile leicht angestaubten Markenartikels.

«Die Zeit», 27. Oktober 1978 (über «Herbstsonate»)

Harry Schein
Der Film ist hier nicht ein thematisch oder künstlerisch von der Industrie geprägtes Produkt, nicht einmal Ausdruck eines künstlerischen Kollektivs, sondern – wie in allen anderen Kunstarten – Ausdruck einer Persönlichkeit. Vielleicht ist es gerade dieser Einsatz Bergmans, der in der Zukunft als sein größter Beitrag für die Geschichte und Entwicklung der

Filmkunst gewertet wird: als erfolgreiches und dadurch inspirierendes Beispiel einer neuen und besseren Form der Filmproduktion gewirkt zu haben.

«Persönliche Notizen eines Freundes», 1976

Ulrich Gregor
Bergman hat gerade in seinen letzten Filmen, die einer Klassizität zuneigen, die Zuschauer betroffen gemacht, sie möglicherweise zur Erkenntnis ihrer selbst gebracht; er hat aber auch beigetragen zu einer Kultur des visuellen Erzählens, die mit Symbolen und Chiffren ebenso arbeitet wie mit graphischer Stilisierung des Bildes, die mit Licht und Schatten eine Landschaft der Seele modelliert.

«Geschichte des Films», 1978

Liv Ullmann
Mit Ingmar zu arbeiten ist wie eine Entdeckungsreise in mein eigenes Ich. Ist die Fähigkeit, all die Dinge zu verwirklichen, von denen ich als Mädchen träumte.

«Wandlungen», 1976

Ingrid Bergman
Die Menschen, wie du sie siehst, sind ja wahre Monster.

«Mein Leben», 1980 (zu Ingmar Bergman während der gemeinsamen Arbeit an «Herbstsonate»)

Federico Fellini
Bergmans Art zu erzählen, der Reichtum seiner Persönlichkeit, vor allem aber die Eigenart, sich selbst auszudrücken, ist meiner Meinung nach genau das, was unabdingbar ist für den Entertainer, als einer Mischung nämlich aus Zauberkünstler und Taschenspieler, aus Prophet und Clown, Krawattenverkäufer und Prediger. Ja, das alles zusammen ergibt den wahren Unterhaltungskünstler.

«Les Cahiers Radiodiffusion Télévision Belge», 1962

Woody Allen
Bergman ist mein Favorit. Aber ich liebe auch Buñuel und Antonioni, Fellini, Renoir, Truffaut. Wissen Sie, in erster Linie ernste Regisseure. Aber, wenn ich's genau bedenke, dann ziehe ich Bergman allen anderen vor.

«filmfaust», 1979

Filmographie

In der Filmographie wird nach dem Originaltitel das Produktionsjahr genannt, gefolgt vom deutschen Kino- oder Fernsehtitel mit der Jahresangabe der Erstaufführung in der BRD; bei Filmen, die hier keinen Verleih fanden, erfolgt an dieser Stelle eine wörtliche Übersetzung des Originaltitels. Am Schluß der Angaben erscheinen das Datum der Erstaufführung (in der Regel in Schweden) sowie die Spieldauer des Films.

Abkürzungen: P = Produktion, R = Regie, D = Drehbuch, K = Kamera,
S = Schnitt, M = Musik, B = Bauten, DA = Darsteller;
IB = Ingmar Bergman; SF = Svensk Filmindustri,
CM = Cinematograph, PF = Personalfilm, SRTV = Sveriges Radio TV, SFI = Svenska Filminstitutet, ZDF = Zweites Deutsches Fernsehen, ORF = Österreichischer Rundfunk
s/w = schwarz/weiß, EC = Eastmancolor

1. Bergman als Drehbuchautor

Hets, 1944 (Die Hörige, 1967); P: SF, R: A. Sjöberg
Kvinna utan ansikte, 1947 (Frau ohne Gesicht, 1953); P: SF, R: G. Molander
Eva, 1948 (Eva, 1952); P: SF, R: G. Molander
Medan staden sover, 1949 (Während die Stadt schläft); P: SF, R: L.-E. Kjellgren
Frånskild, 1951 (Geschieden); P: SF, R: G. Molander, D: H. Grevenius, IB
Sista paret ut, 1956 (Das letzte Paar raus); P: SF, R: A. Sjöberg, D: A. Sjöberg, IB
Nattens ljus, 1957 (Licht der Nacht); P: SF, R: L.-E. Kjellgren, D: L.-E. Kjellgren, IB
Lustgården 1961 (Der Lustgarten); P: SF, R: A. Kjellin, D: E. Josephson, IB
Reservatet/The lie, 1969 ff. (Das Reservat/Die Lüge); P: SRTV u. a., R: J. Molander, A. Bridges, A. Segal
Den goda viljan, 1991/92 (Die besten Absichten, 1993); P: SVT 1 Drama u. a., R: B. August
Söndagsbarn, 1992 (Sonntagskinder, 1993); P: Sandrews u. a., R: D. Bergman
Enskilda samtal, 1995 (Einzelgespräche): P: SVT Drama u. a., R: L. Ullmann

2. Bergman als Regisseur

Kris, 1945 (Krise)
P: SF, D: IB (n. Leck Fischers Schauspiel «Moderdyret»), K: Gösta Roosling, S: O. Rosander, M: Erland von Koch, B: A. Åkermark, DA: Dagny Lind, Inga Landgré, Stig Olin, Marianne Löfgren u. a.
25.2.1945/93 Min.
Det regnar på vår kärlek, 1946 (Es regnet auf unsere Liebe, 1979) P: Sveriges Folkbiografer, D: IB, H. Grevenius (n. Oscar Braathens Schauspiel «Bra mennesker»), K: Hilding Bladh, Göran Strindberg, M: E. v. Koch, B: P. A. Lundgren, S: Tage Holmberg,

DA: Barbro Kollberg, Birger Malmsten, Hjördis Pettersson, Gunnar Björnstrand
9. 11. 1946/95 Min.

Skepp till Indialand, 1947 (Schiff nach Indialand)
P: Sveriges Folkbiografer, D: IB (n. Martin Söderhjelms gleichnamigen Schauspiel),
K: G. Strindberg, S. T. Homberg, M: E. v. Koch, B: P. A. Lundgren, DA: Holger
Löwenadler, Birger Malmsten, Gertrud Fridh u. a.
22. 9. 1947/102 Min.

Musik i mörker, 1947 (Musik im Dunkeln)
P: Terrafilm, D: Dagmar Edqvist (n. ihrem gleichnamigen Roman), K: G. Strindberg, S: Lennart Wallén, M: E. v. Koch, B: P. A. Lundgren, DA: Mai Zetterling,
Birger Malmsten, Bengt Eklund u. a.
17. 1. 1948/85 Min.

Hamnstad, 1948 (Hafenstadt, 1951)
P: SF, D: IB (n. einer Erzählung von Olle Länsberg), K: Gunnar Fischer, S: O. Rosander, M: E. v. Koch, B: N. Svenwall, DA: Nine-Christine Jönsson, Bengt Eklund,
Mimi Nelson u. a.
18. 10. 1948/99 Min.

Fängelse, 1948/49 (Gefängnis, 1961)
P: Terrafilm, D: IB, K: G. Strindberg, S: L. Wallén, M: E. v. Koch, B: P. A. Lundgren, DA: Doris Svedlund, Birger Malmsten, Eva Henning u. a.
19. 3. 1949/80 Min.

Törst, 1949 (Durst, 1953)
P: SF, D: H. Grevenius (n. Birgit Tengroths gleichnamigen Roman), K: G. Fischer, S:
O. Rosander, M: E. Nordgren, B: N. Svenwall, DA: Eva Henning, Birger Malmsten,
Birgit Tengroth, Mimi Nelson, IB u. a.
17. 10. 1949/88 Min.

Till Glädje, 1949 (An die Freude, 1951)
P: SF, D: IB, K: G. Fischer, S: O. Rosander, M: Mendelssohn, Mozart, Smetana,
Beethoven, B: N. Svenwall, DA: Stig Olin, Maj-Britt Nilsson, Victor Sjöström, Birger Malmsten, IB u. a.
20. 2. 1950/98 Min.

Sånt händer inte här, 1950 (Menschenjagd, 1959)
P: SF, D: H. Grevenius, K: G. Fischer, S: L. Wallén, M: E. Nordgren, B: N. Svenwall, DA: Signe Hasso, Ulf Palme, Alf Kjellin, Stig Olin u. a.
23. 10. 1950/84 Min.

Sommarlek, 1950 (Einen Sommer lang, 1954)
P: SF, D: IB, H. Grevenius (n. einer Erzählung von IB), K: G. Fischer, S: O. Rosander, M: E. Nordgren, S: N. Svenwall, DA: Maj-Britt Nilsson, Birger Malmsten, Alf
Kjellin, Mimi Pollak u. a.
1. 10. 1951/96 Min.

Bris tvål, 1951 (Die Seife «Bris») – und 8 weitere Werbefilme für «Bris». P: SF für AB
Sunlight, D: IB, DA: John Botvid, Bibi Andersson u. a. Länge: jeweils ca. 75 Sek.

Kvinnors väntan, 1952 (Sehnsucht der Frauen, 1960)
P: SF, D: IB, K: G. Fischer, S: O. Rosander, M: E. Nordgren, B: N. Svenwall, DA:
Anita Björk, Maj-Britt Nilsson, Eva Dahlbeck, IB u. a.
3. 11. 1952/107 Min.

Sommaren med Monika, 1952 (Die Zeit mit Monika, 1953)
P: SF, D: IB, P. A. Fogelström (n. einem Romankonzept Fogelströms), K: G. Fischer, S: T. Holmberg/G. Lewin, M: E. Nordgren, Filip Olsson, B: P. A. Lundgren/
N. Svenwall, DA: Harriet Andersson, Lars Ekborg u. a.
9. 2. 1953/96 Min.

151

Gycklarnas afton, 1953 (Abend der Gaukler, 1958)
P: Sandrews, D: IB, K: H. Bladh, G. Strindberg, Sven Nykvist, S: Carl-Olov Skeppstedt, M: Karl-Birger Blomdahl, B: Bibi Lindström, DA: Åke Grönberg, Harriet Andersson, Hasse Ekman u. a.
14. 9. 1953/92 Min.

En lektion i kärlek, 1954 (Lektion in Liebe, 1962)
P: SF, D: IB, K: M. Bodin, S: O. Rosander, M: Dag Wirén, B: P. A. Lundgren, DA: Gunnar Björnstrand, Eva Dahlbeck, Harriet Andersson, IB u. a.
4. 10. 1954/95 Min.

Kvinnodröm, 1955 (Frauenträume, 1963)
P: Sandrews, D: IB, K: H. Bladh, S: C.-O. Skeppstedt, B: Gittan Gustafsson, DA: Eva Dahlbeck, Harriet Andersson, Gunnar Björnstrand, IB u. a.
22. 8. 1955/86 Min.

Sommarnattens leende, 1955 (Das Lächeln einer Sommernacht, 1957)
P: SF, D: IB, K: G. Fischer, S: O. Rosander, M: E. Nordgren. B: P. A. Lundgren, DA: Eva Dahlbeck, Ulla Jacobsson, Harriet Andersson u. a.
26. 12. 1955/108 Min.

Det sjunde inseglet, 1956 (Das siebente Siegel, 1962)
P: SF, D: IB (n. seinem Schauspiel «Trämålning»), K: G. Fischer, S: L. Wallén, M: E. Nordgren, B: P. A. Lundgren, DA: Max von Sydow, G. Björnstrand, Bengt Ekerot, Nils Poppe, Bibi Andersson u. a.
16. 2. 1957/95 Min.

Smultronstället, 1957 (Am Ende des Tages/Wilde Erdbeeren, 1961)
P: SF, D: IB, K: G. Fischer, S: O. Rosander, M: E. Nordgren, B: G. Gustafson, DA: Victor Sjöström, Ingrid Thulin, G. Björnstrand u. a.
26. 12. 1957/90 Min.

Nära livet, 1957 (Dem Leben nahe)
P: Nordisk Tonefilm: D: IB, Ulla Isakssons (n. U. Isakssons Novelle «Det vänliga, värdiga»), K: Max Wilén, S: C.-O. Skeppstedt, B: B. Lindström, DA: Eva Dahlbeck, Ingrid Thulin, Bibi Andersson u. a.
31. 3. 1958/84 Min.

Ansiktet, 1958 (Das Gesicht, 1960)
P: SF, D: IB, K: G. Fischer, S: O. Rosander, M: E. Nordgren, B: P. A. Lundgren, DA: Max v. Sydow, I. Thulin, G. Björnstrand u. a.
26. 12. 1958/100 Min.

Jungfrukällan, 1959 (Die Jungfrauenquelle, 1960)
P: SF, D: U. Isaksson (n. der Ballade «Herr Töres döttrar i Vänge»), K: S. Nykvist, S: O. Rosander, M: E. Nordgren, B: P. A. Lundgren, DA: M. v. Sydow, Brigitta Valberg, Gunnel Lindblom u. a.
8. 2. 1960/88 Min.

Djävulens öga, 1960 (Die Jungfrauenbrücke, 1964/Das Teufelsauge, 1966)
P: SF, D: IB, K: G. Fischer, S: O. Rosander, M: Domenico Scarlatti, B: P. A. Lundgren. DA: Jarl Kulle, Stig Järrel, Bibi Andersson u. a.
17. 10. 1960/86 Min.

Såsom i en spegel, 1960/61 (Wie in einem Spiegel, 1962)
P: SF, D: IB, K: S. Nykvist, S: U. Ryghe, M: J. S. Bach, B: P. A. Lundgren, DA: H. Andersson, G. Björnstrand, M. v. Sydow, Lars Passgård.
16. 10. 1961/89 Min.

Nattvardsgästerna, 1961/62 (Licht im Winter, 1963)
P: SF, D: IB, K: S. Nykvist, S: U. Ryghe, B: P. A. Lundgren, DA: G. Björnstrand, I. Thulin, M. v. Sydow, G. Lindblom, Allan Edwall u. a.

11.12. 1962/80 Min.
Tystnaden, 1962 (Das Schweigen, 1963)
P: SF, D: IB, K: S. Nykvist, S: U. Ryghe, M: J.S. Bach, B: P.A. Lundgren, DA: I. Thulin, G. Lindblom, Jörgen Lindström u. a.
23.9. 1963/95 Min.
För att inte tala om alla dessa kvinnor, 1963 (Ach, diese Frauen, 1964)
P: SF, D: Buntel Eriksson (d.s. E. Josephson/IB), K: S. Nykvist (EC), S: U. Ryghe, M: E. Nordgren, B: P.A. Lundgren, DA: Jarl Kulle, E. Dahlbeck, B. Andersson, H. Andersson u. a.
15.6. 1964/80 Min.
Persona, 1965 (Persona, 1967)
P: SF, D: IB, K: S. Nykvist, S: U. Ryghe, M: Lars Johan Werle, B: B. Lindström, DA: Liv Ullmann, Bibi Andersson, Margaretha Krook, G. Björnstrand, Jörgen Lindström.
18.10. 1966/84 Min.
Daniel, 1963/65 (Daniel) – Teil des Episodenfilms «Stimulantia»
P: SF, D+K: IB, S: U. Ryghe, DA: Daniel Sebastian Bergman, Käbi Laretei, IB.
28.3. 1967/11 Min.
Vargtimmen, 1966 (Die Stunde des Wolfs, 1968)
P: SF, D: IB, K: S. Nykvist, S: U. Ryghe, M: L.-J. Werle, B: Marik Voss-Lundh, DA: Liv Ullmann, M. v. Sydow, E. Josephson u. a.
19.2. 1968/89 Min.
Skammen, 1967 (Schande, 1969)
P: SF, D: IB, K: S. Nykvist, S: U. Ryghe, B: P.A. Lundgren, DA: Liv Ullmann, M. v. Sydow, G. Björnstrand u. a.
29.9. 1968/102 Min.
Riten, 1968 (Der Ritus, 1970)
P: SF/CM/SRTV, D: IB, K: S. Nykvist, S: Siv Kanälv, DA: I. Thulin, G. Björnstrand, Anders Ek, Eric Hell, IB.
25.3. 1969/74 Min.
En Passion, 1968/69 (Passion, 1972)
P: SF/CM, D: IB, K: S. Nykvist (EC), S: S.Kanälv, B: P.A. Lundgren, DA: L. Ullmann, M. v. Sydow, B. Andersson, E. Josephson u. a.
10.11. 1969/101 Min.
Fårö-Dokument, 1969 (Fårö-Dokument)
P: CM, D: IB, K: S. Nykvist (s/w u. EC), S: S. Kanälv, DA: Einwohner von Fårö, Erzähler: IB.
1.1. 1970/78 Min.
The Touch/Beröringen, 1970 (The Touch/Berührungen, 1972)
P: CM/ABC Pictures Corp. (USA), D: IB, K: S. Nykvist (EC), S: S. Kanälv, M: Jan Johansson, B: Mago u. a., DA: Bibi Andersson, Elliot Gould, M. v. Sydow u. a.
26.6. 1971/113 Min.
Viskningar och rop, 1971/72 (Schreie und Flüstern, 1974)
P: CM/SFI, D: IB, K: S. Nykvist (EC), S: S. Kanälv-Lundgren, M: Chopin, Bach, DA: H. Andersson, I. Thulin, L. Ullmann, K. Sylwan u. a.
5.3. 1973/91 Min.
Scener ur ett äktenskap, 1972 (Szenen einer Ehe, 1975)
P: CM/STRV 2, D: IB, K: S. Nykvist (EC), S: S. Kanälv-Lundgren, B: Björn Thulin, DA: L. Ullmann, E. Josephson u. a.
11.4.–16.5. 1973/300 Min. (6-teilige TV-Fassung), 25.10. 1974/168 Min. (Kinofassung)

Trollflöjten, 1974 (Die Zauberflöte, 1976)

P: STRV 2, D: IB (n. Mozarts/Schikaneders «Die Zauberflöte»), K: S. Nykvist (EC), S: S. Kanälv-Lundgren, M: W. A. Mozart, musikal. Leitg.: Eric Ericson, B: Henny Noremark, DA: Josef Köstlinger, Irma Urrila, Håkan Hagegård, Ulrik Cold u. a.

1.1. 1975/135 Min.

Ansikte mot ansikte, 1975 (Von Angesicht zu Angesicht, 1976)

P: CM, D: IB, K: S. Nykvist (EC); S: S. Kanälv-Lundgren, M: W. A. Mozart, B: Anne Terselius-Hagegård, DA: L. Ullmann, E. Josephson, G. Björnstrand, u. a.

6.5. 1976 (USA)/134 Min.

Das Schlangenei, 1976/76 (dass., 1977)

P: Rialto Film Berlin/D. de Laurentiis Corp./ZDF, D: IB, K: S. Nykvist (EC), S: Petra von Ölffen, M: Rolf Wilhelm, B: R. Zehetbauer, DA: David Carradine, L. Ullmann, Heinz Bennent, Gert Fröbe u. a.

28.10. 1977 (BRD)/119 Min.

Herbstsonate, 1977/78 (dass., 1978)

P: PF, D: IB, K: S. Nykvist, S: Sylvia Ingemarsson, M: Chopin, Bach, Händel, B: Anna Asp, DA: Ingrid Bergman, L. Ullmann, Lena Nyman u. a.

8.10 1978/93 Min.

Fårö-Dokument 1979, 1977–79 (dass., 1982)

P: CM, D: IB, K: Arne Carlsson (s/w und EC), S: S. Ingemarsson, M: Dag & Lena u. a., DA: Einwohner von Fårö, Erzähler: IB.

24.12. 1979/103 Min.

Aus dem Leben der Marionetten, 1979/80 (dass., 1980)

P: PF/ORF/ZDF, D: IB, K: S. Nykvist (s/w und EC), S: P. v. Ölffen, M: R. Wilhelm, B: R. Zehetbauer, DA: Robert Atzorn, Christine Buchegger, Martin Benrath u. a.

3.11. 1980 (BRD)/98 Min.

Fanny och Alexander, 1981/82 (Fanny und Alexander, 1983)

P: CM/SRTV 1/PF/Tobis/Gaumont, D: IB, K: S. Nykvist (EC), S: S. Ingemarsson, M: Daniel Bell, Benjamin Britten u. a., B: A. Asp, DA: Bertil Guve, Pernilla Allwin, Ewa Fröling u. a.

17.12. 1982/188 Min. (1. Kino-Fassung); 17.12. 1983/312 Min. (3-teil. TV-Fassung/2. Kino-Fassung)

Efter repetitionen, 1983 (Nach der Probe, 1985)

P: SRTV 1/ORF/ZDF, D: IB, K: S. Nykvist, DA: E. Josephson, Lena Olin, I. Thulin, B. Guve u. a.

9.4. 1984/68 Min.

Karins ansikte, 1983–1985 (Karins Gesicht, 1985)

P: CM, D: IB, K: A. Carlsson, S: S. Ingemarsson, M: Käbi Laretei. 12 Min.

Dokument Fanny och Alexander, 1985 (Das «Fanny und Alexander»-Dokument, 1986)

P: CM/SFI, D: IB, K: A. Carlsson, S: S. Ingemarsson, DA: IB, Techniker und DA von «Fanny und Alexander».

28.9. 1985 (Italien)/140 Min., 23..2. 1986 (West-Berlin)/110 Min.

De två saliga, 1985, (Die zwei Seligen)

P: SV TV2, Channel 4, Radiotelevisione Italiania, Nederlandse Omroep Stichting, D: U. Isaksson (n. ihrem gleichnamigen Roman), K(Video): P. Norén u. a., B: B. Brensén, DA: Harriet Andersson, Per Myrberg u. a.

19.2. 1986/ca. 83 Min.

Larma och gör sig till, 1996/97 («In the presence of a clown»)

P: SVT 1 Drama u. a. D: IB, DA: Börje Ahlstedt, Pernilla Östergren, Erland Josephson, IB u. a.

Herbst 1997/ca. 120 Min.

Bibliographie

1. Schriften von Ingmar Bergman

a) Aufsätze / Reden

Om att filmatisera en pjäs». IN: Filmnyheter Nr. 4 (1946).

«Det förtrollade marknadsnöjet». In: Biografbladet Nr. 3 (1947).

«Kinematograf». In: Biografbladet Nr. 4 (1948).

«Filmen om Brigitta-Carolina». In: Stockholms-Tidningen vom 18. 3. 1949.

«Leka med pärlor». In: Filmnyheter Nr. 14 (1951).

«Varje film är min sista film» (Text von 1951). In: Filmnyheter Nr. 9/10 (1959). Dt.: «Jeder Film ist mein letzter Film». In: T. Kotulla (Hg.). Der Film. Band 2: 1945 bis heute. München 1964.

«Vi är cirkus!». In: Film-Journalen Nr. 4 vom 25. 1. 1953.

«Ingmar Bergman om film». In: Nya Pressen (Helsingborg) vom 23. 3. 1953.

«Det att göra film». In: Filmnyheter Nr. 9/20 (1954). Dt.: «Filmemachen», Sonderdruck von SF, Stockholm 1958. «Was heißt ‹Filme drehen›». In: F. Kleiner u. a. (Hg.): Filmklub – Cinéclub Nr. 4 (Zürich 1959/60).

«Filmskapandets dilemma». In: Hörde ni? Nr. 5 (1955).

«Det Förbjudna. Det Tillåtna. Det nödvendiga». In: Vi på SF (1957).

Ingmar Bergmans «Självporträtt skivet av honom själv». In: SE Nr. 9 (1957).

«On Victor Sjöström». In: Sight and Sound (1960).

«Förbön» und (unter dem Pseudonym *Ernst Riffe*) «Bergmans Ansikte». In: Chaplin Nr. 14 (1960).

«För att inte tala om alla dessa skådespelare». In: Chaplin Nr. 39 (1963).

«The Snake's Skin» (Rede anläßlich der Verleihung des Erasmus-Preises). In: Sight and Sound (1966) und in: I. Bergman, Persona and Shame. London/New York 1972.

«Utför Ingmar Bergman» (unter dem Pseudonym *Ernst Riffe*). In: Expressen vom 25. 9. 1968. Dt.: Ich deute mich nicht. Schizophrenes Interview mit einem nervösen Regisseur. In: Kölnische Rundschau vom 16. 11. 1968.

«A Film director is a person who never finds the time to think because all the troubles». In: Film in Sweden Nr. 2 (1971).

«Der wahre Künstler spricht mit seinem Herz» (Rede anläßlich der Verleihung des Goethe-Preises). In: Frankfurter Rundschau vom 30. 8. 1976.

b) Interviews

BÉRANGER, J.: Rencontre avec Ingmar Bergman. In: Cahiers du Cinéma Nr. 88 (1958).

LÖTHWALL, L.-O.: Moment of Agony. Interview with Ingmar Bergman. In: Films and Filming (1969).

BJÖRKMAN, ST. u. a.: Bergman om Bergman. Stockholm 1970. Dt.: Bergman über Bergman. München 1976.
ALVAREZ, A.: A visit with Ingmar Bergman, In: New York Magazine vom 7.12. 1975. Dt.: Ein Besuch bei Ingmar Bergman. In: Tages Anzeiger (Zürich) vom 20.3. 1976.
JONES, G. W. (Hg.): Talking with Ingmar Bergman. Dallas 1982.
BJÖRKMAN, ST. u. O. ASSAYAS: Conversation avec Bergman. Cahiers du Cinéma (1990). – Schwed.: Tre Dagar med Bergman. Göteborg 1992.

c) Erzählungen, Hörspiele, Theaterstücke

«En kortare berättelse. Om ett av Jack Uppskärarens titigaste barndomsminnen» (Erzählung, in: 40-tal Nr. 3 (1944). Fr.: «Un souvenir d'enfance de Jack 1'Eventreur». In: Cinéma 59 Nr. 34 (1959).
«Jack hos skådespelarna». (Schauspiel), Stockholm 1946.
«Moraliteter». (3 Schauspiele): «Rakel och biografvakmästaren», «Dagen slutar tidigt», «Mig til skräck...». Stockholm 1948.
«Staden». (Hörspiel), in: Svenska Radiopjäser 1951, Stockholm 1951.
«Historien om Eiffeltornet». (Erzählung). In: Bonniers Litterära Magasin Nr. 22 (1953).
«Trämålning. En moralitet». (Hörspiel). In: Svenska Radiopjäser 1954, Stockholm 1954.
«Trämålning». (Einakter für Amateure), Stockholm 1956. Engl.: «Wood Painting: A Morality Play». In: Tulane Drama Review (1960).
«A Matter of the Soul» (Hörspiel), in: New Swedish Plays, Norwich 1992.

d) Filmerzählungen, Drehbücher, Filmprotokolle

«Fisken. Fars för film». In: Biografbladet Nr. 4 (1950/51), Nr. 1–3 (1951)
«Four Screenplays». («Smiles of a Summer Night)», «The Seventh Seal», «Wild Strawberries», «The Face»). London/New York 1960. – Dt.: «Wilde Erdbeeren». In: E. Patalas (Hg.), Spectaculum, Texte moderner Filme. Frankfurt 1961. «Das siebente Siegel», Cinemathek Nr. 7. Frankfurt 1967.
«En filmtrilogi». («Sasom i en spegel», «Nattvardsgästerna», «Tystnaden»). Stockholm 1963. – Engl.: «A Film Trilogy». London 1967. Dt.: «Wie in einem Spiegel», Cinemathek Nr. 1 Hamburg 1962. «Das Schhweigen», Cinemathek Nr. 12. Hamburg 1965.
«Persona». Stockholm 1963.
«Filmberättelser 2». («Persona», «Skammen»). Stockholm 1973. – Engl.: «A Persona & Shame». London 1972.
«Filmberättelser 3». («Riten», «Reservatet», «Beröringen», «Viskningar och rop»). Stockholm 1973. – Dt.« «Wilde Erdbeeren und andere Filmerzählungen». (d.s.: «Wie in einem Spiegel», «Licht im Winter», «Das Schweigen», «Die Schande», «Das Reservat», «Die Berührung», «Schreie und Flüstern»). Rostock und München 1977.
«Scener ur ett äktenskap». Stockholm 1973. – Dt.: «Szenen einer Ehe». Hamburg 1975.
«Ansikte mo ansikte». Stockholm 1976. – Dt.: «Von Angesicht zu Angesicht». Hamburg 1976.
«Ormens Egg». Stockholm 1977. – Dt.: «Das Schlagenei». Hamburg 1977.
«Höstsonaten». Stockholm 1978. – Dt.: «Herbstsonaten». Hamburg 1978.
«Ur marionetternas liv». Stockholm 1980. – Dt.: «Aus dem Leben der Marionetten». Hamburg 1980.
«Fanny och Alexander». Stockholm 1982. – Dt.: «Fanny und Alexander». München 1983.

e) Autobiographische Texte

«Laterna Magica». Stockholm 1987. – Dt.: «Mein Leben». Hamburg 1987.
«Bilder». Stockholm 1990. – Dt.: «Bilder». Köln 1991.

«Den goda viljan». Stockholm 1992. – Dt.: «Die besten Absichten». In 1993.
«Enskilda samtal1». Stockholm 1996. – Dt.: «Einzelgespräche». München 1996.
«Söndagsbarn». Stockholm 1993. – Dt.: «Sonntagskinder». Köln 1996.

2. Literatur über Ingmar Bergman und sein Werk

BÉRANGER, J.: Ingmar Bergman et ses films. Paris 1959.
BILIQUIST, F.: Ingmar Bergman: teatermannen och filmskaparen. Stockholm 1960.
SIÇLIER. J.: Ingmar Bergman. Paris 1960. – Dt.: I. B. Hamburg 1965.
COWIE, P.: Ingmar Bergman. Essex 1961.
DONNER, J.: The Personal Vision of I. B. Bloomington 1964.
HÖÖK, M.: Ingmar Bergman. Stockholm 1962.
SJÖMAN, V.: L. 136. Diary with I. B. Ann Arbor 1978.
NELSON, D. R.: Ingmar Bergman: The Search for God, Boston 1964.
SJÖGREN, H.: Ingmar Bergman på teatern. Stockholm 1968.
STEENE, B.: Ingmar Bergman. New York 1968.
GIBSON, A.: The Silence of God: Creative Response to the Films of Ingmar Bergman.
    New York 1969.
WOOD, R.: Ingmar Bergman. New York 1969.
BÉRANGER, J.: et F. D. GUYON: Ingmar Bergman. (Premier Plan Nr. 34.) Lyon 1969.
SJÖRGREN, H.: Regi: Ingmar Bergman. Stockholm 1970.
YOUNG, V.: Cinema Borealis. Ingmar Bergman and the Swedish Ethos. New York 1971.
SIMON, J.: Ingmar Bergman directs. New York 1972.
TÖRNQVIST, E.: Bergman och Strindberg. Stockholm 1973.
GARFINKEL, B.: Liv Ullmann/Ingmar Bergman. New York 1975. Dt.: L. U./I. B. –
    Szenen aus zwei Leben. Bergisch Gladbach 1977.
KAMINSKY, S. (Hg.): Ingmar Bergman: Essays in Criticism. New York 1975.
BERGOM-LARSSON, M.: Ingmar Bergman och den borgerliga ideologin. Stockholm 1977.
    – Engl.: I. B. and Society. London/New York 1978.
LANGE-FUCHS, H.: Der frühe Ingmar Bergman. Lübeck 1978.
MARION, D.: Ingmar Bergman. Paris 1979.
MANVELL, R.: Ingmar Bergman: An Appreciation. New York 1980.
MARKER. L., u. F.J. MARKER: Ingmar Bergman. Cambridge 1981.
MOSLEY, P.: Ingmar Bergman: The cinema as mistress. London/Boston 1981.
PERIÇ, V. (Hg.): Film and dreams: an approach to Ingmar Bergman. New York 1981.
STEENE, B.: A Reference Guide to Ingmar Bergman. Boston 1982.
COWIE, P.: Ingmar Bergman. A Critical Biography. New York 1982.
LEFEFRE, R.: Ingmar Bergman. Paris 1983.
GADO, F.: The Passion of Ingmar Bergman. Durham 1986.
LANGE-FUCHS, H.: Ingmar Bergman. Seine Filme – sein Leben. München 1988.
ÅHLANDER, L. (Hg.): Ingmar Bergman at 70. A Tribute. Stockholm 1988. – Dt.: Gauk-
    ler im Grenzland. Ingmar Bergman. Berlin 1993.
LANDER, R.: God, Death, Art & Love. The Philosophical Vision of Ingmar Bergman.
    Mahwah 1989.
KOSKINEN, M.: Ingmar Bergman. Stockholm 1993 (Dt., Engl., Franz.).
SCHNEIDER, H.-H.: Rollen und Räume. Anfragen an das Christentum in den Filmen
    Ingmar Bergmans. Frankfurt a. M. 1993.
COHEN, H. L.: Ingmar Bergman. The Art of Confession. New York 1993.
LONG, R. E.: Ingmar Bergman. Film and Stage. New York 1994.
TÖRNQUIST, E.: Between stage and screen. Ingmar Bergman Directs. Amsterdam 1995.

Namenregister

Die kursiv gesetzten Zahlen bezeichnen die Abbildungen

Nachbemerkung

Für hilfreiche Dienste beim Erstellen der vorliegenden Arbeit sei folgenden Personen und Institutionen gedankt:

Ingmar und Ingrid Bergman, Katinka Faragó, Lars Åhlander (Chaplin), Olle Rosberg, Christer Nettelbladt, Elisabet Helge (Svenska Filminstitutet), Cinematograph AB in Fårösund, Sveriges Television Stockholm, Deutsches Institut für Filmkunde in Wiesbaden und Frankfurt, Deutsche Kinemathek Berlin.

Ein ganz besonderer Dank gilt den Freunden der Deutschen Kinemathek für ihre verdienstvollen Werkreihen im «Arsenal».

Über den Autor

Eckhard Weise, geboren 1949 in Rendsburg. Nach dem Abitur Studium der Germanistik, Politologie und Psychologie in Berlin. Gelegentliche Filmkritiken in verschiedenen Fachzeitschriften. Autor der Rowohlt-Monographie «Sergej M. Eisenstein» und «Orson Welles». Arbeitet seit 1978 als Lehrer. Lebt in Bad Hersfeld.

Quellennachweis der Abbildungen

Stiftung Deutsche Kinemathek, Berlin: 6, 27, 30, 33, 45, 46, 50, 58, 60, 61, 62, 66, 68, 72, 80, 83, 92, 99, 113, 115, 118, 126
Cinematograph AB, Arne Carlsson: 11, 132
Svenska Filminstitutet, Stockholm: 14, 15, 16, 18, 19, 26, 36, 42, 63, 129
Sammlung Eckhard Weise: 17, 25, 38, 51, 55, 70, 82, 83, 85, 87, 94, 97, 103, 104, 105, 107, 111, 122
Deutsches Institut für Filmkunde, Frankfurt: 22
Illustrationsfoto Walter Pöppel, Stockholm: 24, 75
Ullstein-Bilderdienst, Berlin: 77, 135
Tobis-Filmkunst, Berlin: 119, 124
dpa: 123
ZDF: 134